修訂七版

保險學概要

袁宗蔚 著　鍾玉輝 修訂

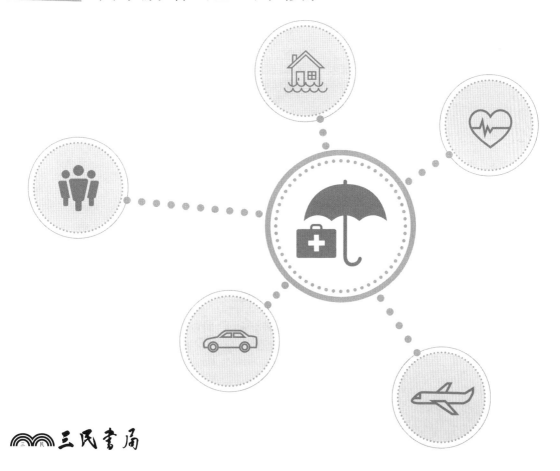

三民書局

國家圖書館出版品預行編目資料

保險學概要 / 袁宗蔚著, 鍾玉輝修訂.－－修訂七版一
刷.－－臺北市: 三民, 2019
　　面；　公分

ISBN 978-957-14-6514-2　（平裝）

1.保險學

563.7　　　　　　　　　　　　　　　107019238

©　保險學概要

著 作 人	袁宗蔚
修 訂 者	鍾玉輝
發 行 人	劉振強
著作財產權人	三民書局股份有限公司
發 行 所	三民書局股份有限公司
	地址　臺北市復興北路386號
	電話　(02)25006600
	郵撥帳號　0009998-5
門 市 部	(復北店) 臺北市復興北路386號
	(重南店) 臺北市重慶南路一段61號
出版日期	初版一刷　1964年8月
	修訂七版一刷　2019年1月
編　　號	S 560840

行政院新聞局登記證局版臺業字第〇二〇〇號

有著作權·不准侵害

ISBN　978-957-14-6514-2　（平裝）

http://www.sanmin.com.tw　三民網路書店
※本書如有缺頁、破損或裝訂錯誤，請寄回本公司更換。

修訂七版序

　　保險源自人類社會之需要，隨著社會改變而有不同之保險產品。本書自上次修訂以來，已經過數年，書中內容有部分已不合時宜，必須加以修正。其因保單變動而修正者，有〈火災保險〉及〈汽車保險〉章；其因法規修正而變動者，有〈社會保險〉章；此外，書中其他部分有必須補充以利研讀者，亦一併修正完妥。本書修訂秉持之念，在提供讀者真確之保險知識，用字遣詞力求簡潔平易，使之易讀、易懂，值得保有。

　　感謝三民書局提醒修訂以及用心編輯；本書雖經數次修訂，但錯誤疏漏仍所難免，尚期讀者先進不吝指正為幸。

鍾玉輝　謹識

民國一〇七年十二月

序

　　近年我國保險事業，漸趨發達，社會人士對保險知識之需求，隨之日益殷切。惟有關保險之若干觀念，較具專門性質，且時有變動，不易入門。因而概要性質書籍之編述，或將有助於保險知識之普及也。

　　本書內容力求簡賅，立論力求平易，冀使讀者對保險之基本理論與主要業務，能於較短期間，獲一明晰與完整之概念。

　　近因我國保險法有部分條文修正，在保險契約方面，如違反告知義務之約束，年金保險及保證保險之增列；在保險監理方面，有保險業安定基金之設置，以及資金運用管理之加強等。因此，本版中亦有適當增修，以資配合，而切實用。惟以學殖未深，謬誤難免，海內宏達，不吝指正為幸。

袁宗蔚　謹識

民國八十一年五月

保險學概要

目次

第六章　保險契約之基本原則

第十章　保險會計

第十一章　保險資金之運用

第十八章　意外保險

第十九章　社會保險

第二十章　保險監理

第一章

危險與危險管理

🏠 第一節　危險之意義及種類 🏠

在吾人日常生活中，各種偶然事件，如人身之生老病死，財產之毀損滅失，隨時隨地皆有發生之可能性。此種可能性，通常稱之為危險 (risk)。所謂可能性者又可解釋為不確定性，因此危險之意義，亦可謂為某種偶然事件發生與否、發生時間、發生原因與結果之不確定性。進言之，由於此種偶然事件之發生，可能有各種損失之形成，故危險之意義，應解釋為某種損失發生之不確定性。其必然發生或絕對不發生者均無危險可言，介於兩者間則具有危險性，若發生與不發生之可能居半，則危險性最高。危險一詞亦指發生損害可能性之程度，即損害機率之謂，機率大表示危險大，反之則小。在保險領域，危險更被用來指稱某種特定偶發之事件，例如火災危險、地震危險、竊盜危險等是。

由於危險發生之不確定性對吾人日常經濟生活，有莫大之影響，因而引起社會大眾之重視。例如個人或家庭顧慮將來所得收入之不確定，於是有儲蓄計畫之開始。又如企業經營顧慮將來資本利潤之不確定，於是增加流動傾向，而減少投資支出。凡此種種，皆足以說明危險問題之研究，近年日漸受人重視之原由。

惟廣義言之，危險之存在，並不限於損失之結果。由於危險性質之不同，通常可分為下列三類：

➍ 一、純粹危險與投機危險

純粹危險 (pure risk) 事件之發生，其結果僅有損失之機會，而無獲利之可能。例如汽車所有人有碰撞損失之危險，設不幸碰撞發生，彼將立即遭受損失；若無碰撞事件，並無利益可圖。投機危險 (speculative risk) 事件之發生，其結果有損失之機會，亦有利益之機會。例如價格變動對企業存貨之影響，價格下跌固將受損，價格上漲則可獲利。

➍ 二、靜態危險與動態危險

靜態危險 (static risk) 事件之發生，或則由於自然力量之失常變動所致，如火災、海難等是；或則由於人類行為之失常或錯誤所引起，如死亡、殘廢、竊盜、詐欺等是。此種靜態危險，與經濟及社會之變動無關。動態危險 (dynamic risk) 事件之發生，則與經濟及社會之變動有密切關聯，如人口之增加，資本之成長，生產技術之改良，產業組織效率之提高，消費者愛好之轉移等是。此種動態危險，具有較為廣泛之影響，對社會未必一定有損，或則反而有利。例如消費者愛好之轉移，對原來愛好之產品，固然喪失銷路；但對新近愛好之產品，因而增加需要。靜態危險在一特定期間，其出現較有規則，通常多屬純粹危險；而動態危險之出現較不規則，包括純粹危險與投機危險。

➍ 三、基本危險與特定危險

兩者分界雖不十分明顯，其基本觀念則有區別。基本危險 (fundamental risk) 事件發生之原因非屬個人行為，其結果對團體有影響，本質上不易防止。特定危險 (particular risk) 發生之原因多屬個別事件，其結果局限於較小範圍，本質上較易控制。基本危險事件之發生，常與經濟之失調，政治之變動，社會之不安，天然之災變等相連結。特定危險事件之發生，例如非職業性原因所致之死亡或殘廢，財產之

遭遇火災與竊盜等。由於知識、技能及社會條件等之變動，基本危險與特定危險，兩者在性質上可以變更。如失業事件之發生，過去視為特定危險，由於個人之懶惰或無能所致；但現今則認為整個經濟結構缺乏效能之結果，應屬社會之責任，故為基本危險而非特定危險。一般言之，特定危險常屬純粹危險，基本危險亦包括純粹危險與投機危險。

　　由上可知，純粹危險僅有損失之可能而無利益之機會，投機危險則損益之機會參半。純粹危險多屬靜態危險，其發生較有規則，受機率 (probability) 之控制。純粹危險又多屬特定危險，其範圍較狹，易於處理，以減免其損失之結果。因此，保險所承保之危險，除少數如職業傷害及失業等危險外，原則上應指純粹危險、靜態危險及特定危險而言。

　　投機危險既有損失之可能，亦有獲利之機會，一般企業經營者，每為爭取獲利之機會，而甘冒損失之可能，多稱為承擔「風險」，而不稱「危險」。依照我國文辭語意之解釋，既有獲利之機會，自不能謂有「危險」之存在。惟在保險與危險管理之領域內，有關「危險」之論述，主要乃指僅有損失不確定性之純粹危險而言，若以「風險」稱之，似反嫌隔閡與生疏。在外國文字中，則無此紛歧。

🏠 第二節　危險之處理方法 🏠

　　危險之種類甚多，前已述及，其發生之結果，未必一定有損，亦可能有利。故應予以適當處理，以便減少損失或增加利益。通常對危險之處理方法，主要有下列數端，特申述之。

第一項　避　免

危險之避免 (avoidance)，為最簡單之處理方法，即對於某項危險直接設法避免。凡由危險所可能造成之損失，與甘冒此危險所可能獲得之利益，不能抵銷時，則設法對此項危險遠而避之，乃為最簡單而易行之方法。例如為避免搭乘飛機而遭遇空難，則可不搭飛機。因此，將具有危險之標的，或將附著於標的上所有危險之一部份或全部，設法排除或減少，當可達成危險避免之目的。

惟避免危險有所限制，一方面僅有在危險可以避免之情況下始可實行；另一方面若干危險無法避免，因而此種處理方法亦無法採用。且亦不能遇事避免，安於現狀而阻礙可能之進步。但在若干情形下，危險以避免方法處理，較為經濟與安全，亦不失為適當之措施。

第二項　保留或承擔

危險之保留或承擔 (retention, assumption)，即當某項危險不能避免，或因冒險而可獲厚利時，由自己保留所應承擔之危險，乃最為普通而最少阻力之處理方法。危險之保留由自己承擔者，有主動與被動之分。不知有危險之存在而未加處理，或明知有危險之存在而怠忽不予處理，皆為被動之保留。主動之保留，或因明知有危險之存在而無適當處理方法，或因自己承擔危險較其他處理方法為經濟，或因危險過小自己能力足以承擔者皆是。

因此，危險之由自己保留承擔，通常於下列各種情形時採用之：

(1)處理危險之成本，大於承擔危險所需付出之代價。例如建築物為減免人造衛星墜落所造成之損失，其所需付出之保險費或裝

　　置預防設備之費用，大於人造衛星墜落時可能發生之損失。

(2)估計某種危險可能發生之最大損失，本身可以安全承擔。例如在企業經營中某種過小之危險，其損失可包括於營業費用內，或由過去提存之準備金中償付之。

(3)不可能移轉於他人之危險，或不可能防止之損失。即面臨之危險，並無適當方法可以處理，例如因戰爭所造成各種損失之危險。

(4)缺乏處理危險之技術知識，或怠忽於危險之處理，或判斷失當而不察危險之存在，以致自己承擔危險所造成之損失。

　　此外，如由本身經驗可正確預知可能承受之損失，能加以有效控制，而使危險得以分散，乃建立自己保留並承擔危險之計畫或方案，此即所謂自己保險 (self-insurance)。如海運業或倉庫業者，若將所有船舶或倉庫房屋以及倉庫內之儲存物品，全部付諸保險，保險費之負擔甚重，且手續又頗繁瑣。因而將此等標的所具有之危險，基於本身經驗，設法由自己負擔，每年積存一部分資金，作為準備之用，在遭遇損失時，即以上項準備填補之。因此，自己保險為危險保留之一種特殊型態。

第三項　預防與抑制

　　損失之預防與抑制 (loss prevention and reduction)，與危險處理之其他方法，在性質上稍有不同，因其直接面對危險採取行動，使減少損失之發生頻率 (loss frequency) 或所致損失之額度 (loss severity)。損失之預防，即消除或減少損失發生之原因，諸如增加有關預防知識及改進預防技術等，使損失之發生頻率因而減少。損失之抑制，即當預

防措施不能充分發揮效用，而仍舊發生各種不幸事件時，力求損失額度之減小。嚴格言之，損失之預防與抑制有其區別，前者施之於事前，後者行之於事中。但在實際上，同一危險處理行為，往往同時發生損失預防與抑制之效果。例如定期健康檢查，雖不能消除罹患心臟病，但可因而獲得醫生之勸告或及早防治，當可減少損失之發生頻率及其額度。再如防火建築、安全指導、定期檢查、裝置自動灑水系統、救災設備、安全研究等，皆足以減少火災損失之發生頻率及其額度。

損失預防與抑制之效果，非僅及於其直接之有關方面，其他各方面亦可能間接蒙受其利。例如房屋被焚，其損失固直接及於房屋之所有人，但亦間接影響於政府對房屋租稅之減收，且社會財富之損失將無法獲得彌補。故損失之預防與抑制，就其經濟效益而言，實較勝於其他危險處理方法。惟損失之預防與抑制，在技術上或有困難；或則在技術上即使可能，經濟上未必合算。通常採用此種處理方法，雖效益較大，但僅能解決問題之一部分，即在技術上或經濟上僅能採用至某種程度而已。

第四項　中　和

危險之中和 (neutralization)，乃將損失機會與獲利機會予以平均之方法。在企業方面，套購（即現買先賣 (hedge)）乃危險中和最顯著之方式，即在訂立買賣契約時，為恐價格漲跌而受損失，因此同時進行現貨買賣及期貨買賣，使其損益有平均之機會，如製造廠商對原料價格之變動，出口廠商對外匯率之變動，為避免遭受損失起見，皆習用之。例如美國出口商輸出價值 10 萬美元之棉花，假定依照當時 1 英鎊等於 2 美元之匯率，對英國進口商開出一張九十天 50,000 英鎊之商業

匯票。再假定在九十天終了時，匯率發生變動，1 英鎊等於 1.95 美元，則該 50,000 英鎊匯票在市場上僅能售得 97,500 美元。由於匯率之變動，美國出口商將遭受 2,500 美元之意外損失。如匯率有相反方向之變動，則該出口商將獲得意外之利益。此種投機性危險，可經由遠期外匯交易而以套購方式避免之。如美國出口商為避免匯率變動所致之損失，可在開發匯票之同時，在外匯市場中預先賣出遠期外匯 5 萬英鎊，依照買賣契約成立當時價格，於九十天終了時交割。如此該出口商可避免在九十天內匯率變動所可能發生之損失。反之，如美國出口商所開之匯票金額以美元計算，則英國進口商為防止將來支付外幣時發生損失之危險，亦可買進遠期美元外匯以中和之。

惟在實際上，此種中和方法，危險並未消除，乃藉移轉於他人而本身因利害抵銷免受損失。因此，僅能適用於投機危險，且亦不易收到理想之效果。如其為純粹危險，並無損失與利益雙方面之機會，中和方法自難適用。

第五項　移　轉

危險之移轉 (transfer)，其方式頗多。質言之，上述危險之中和，亦為移轉方式之一。通常危險之移轉，有直接與間接兩種情形：

一、直接移轉

即將與危險有關之財產或業務，直接移轉於其他個人或團體，主要採用之方法有二：

1. 轉　讓

如某甲出售其建築物，即將建築物所有權有關之各種危險，移轉於受讓人。此種方法，與上述危險之避免相似而有異，轉讓為移轉行

為之一種，避免則為消極的不作為。

2. 轉　包

如某營造廠將其承包工程所需人工與材料可能漲價之危險，分別與水電工程、裝修粉刷工程等小包商，依照一定價格，訂立轉包契約，藉以移轉其因漲價而遭受損失之危險。

二、間接移轉

即僅將與財產或業務有關之危險移轉，而財產或業務本身並不移轉。主要採用之方法有三：

1. 租　賃

如某屋主將其所有之空屋出租於某租戶，可使因使用該房屋所生之危險，如裝修、設備等所需費用支出之損失由租戶承擔；而僅留下小部分無法移轉之危險，如房屋之毀損滅失、折舊及房地產稅等，仍由屋主自己負擔。

2. 保　證

如債務保證契約，保證人允諾，因債務人到期不履行償還義務時，對債權人負損失補償之責。此即債權人藉保證契約將其可能遭遇損失之信用危險，移轉於保證人承擔；而保證人因債務人之違約所致之損失，可依法向債務人進行追索。

3. 保　險

如保險契約之訂立，由購買保險者交付保險費，保險業者承諾在約定之危險事故發生而致購買保險者遭受損失時，由保險業者給與合理之補償。即個人可能遭遇損失之危險，由於保險契約之訂立，移轉於集合多數同類危險單位之經營保險業者承擔。有關保險之意義、性質及功能等，將在以後各章中詳細論述之。

第六項 集合或組合

　　危險之集合或組合 (pooling or combination)，即集合有同類危險之多數單位，直接分擔所遭受之損失，使每一單位所承受之危險較前減少。如企業家為達成集合或組合之作用，常透過公司之合併、聯營或多樣化之經營，以增多單位從而分擔或消納可能遭遇之危險。又如百貨公司採購貨物時，就市場需要情況，力求貨物種類之多樣化，如奢侈品銷路欠佳，可在日用品方面謀求推廣，增加利益，以分擔奢侈品方面之損失，藉以達成集合或組合之功能。

　　另一方面，集合亦為保險之主要工具，承擔多數經濟單位之危險，以改善每一單位承擔損失之能力。因此，自購買保險者之觀點而言，固為危險之移轉；但從經營保險業者之立場而言，則為危險之集合。

🏠 第三節　危險管理之意義及程序 🏠

　　危險管理 (risk management) 問題之受重視，乃最近一世紀前後之事。由於各經濟單位，無論個人、家庭或企業，其每一活動或每一處境，皆有危險存在與發生之可能。如何處理各種危險，上節中曾舉述六種方法；如何就此六種方法中加以選擇執行，必須有相當之知識與技術。於是危險管理之討論與研究，成為一專門之課題。

　　由於在多數情形下，危險管理僅指純粹危險而言，故處理投機性危險之中和方法，不包括在內。再者，危險管理問題之討論，固應包括個人、家庭及企業等各種經濟單位在內；但實際上，多指企業單位而言。本章所述，亦以企業之危險管理為主。

　　危險管理者，乃係各經濟單位經由對危險之認識與衡量，以及處

理方法之選擇與執行，以最小之成本，達到危險處理之最大安全效能。由此，危險管理效能之達成，通常包括下列五項程序：

一、危險之認識

危險之認識 (risk recognition) 為危險管理之第一步驟，即認識各種危險存在以及損失發生之可能性，不僅須對已經存在之危險有所瞭解，並須密切注意企業經營各方面之新發展，以發現新危險之形成。故一方面應熟悉下層之實際工作情形，另一方面尚須注意上層之經營方針。

二、危險之衡量

危險之衡量 (risk measurement) 為危險管理之第二步驟，即對於各種危險一旦發生時，企業所可能遭受之損失情形，必須能正確加以衡量，始可採取適當之處理方法，故一方面須估計損失之發生頻率，另一方面應推測損失之嚴重程度。

三、對策之選擇

對策之選擇 (selecting tools) 為危險管理之第三步驟，即在衡量危險之頻率及深度，應即就上述各種處理危險方法，尋求最有效與最經濟之對策，即須選擇能以最小成本獲致最大效用之對策。

四、計畫之執行

最後是計畫之執行 (implementing the decision)，在決定採行某種最佳處理方法後，應即盡量設法使此項對策能有效執行，並隨時檢討執行之效果，以及保持執行進度之記錄，以達成危險管理之目的。

五、成果之檢討

執行後還需進行成果之檢討 (reviewing results)，應就上述各項步驟，逐一評估其實施情形，如危險認識之是否確實，危險衡量之是否適當，對策選擇之是否合理，計畫執行之是否圓滿。此等評估工作必

須定期舉行，使發揮獨立之審核作用，以達成危險管理之最大效能。

　　由上可知，危險管理之進行程序，頗為繁複，加以近年各種經濟活動，日益頻繁，尤其各企業之內部單位逐漸增多，業務範圍逐漸擴大，各單位間能經常保持接觸已頗費事，遑論對彼此所具危險之衡量與處理。且一方面由於業務擴充之結果，無論對內對外危險因素較前倍增；而另一方面由於各種機器及自動設備代替人力，使企業設備之投資金額較前增大。因此對企業損失之如何防止，與損失發生後之如何獲得補償，益見重要，自非有專職人員辦理有關危險管理之各項事務不可。此項專職人員，通常稱為危險管理人員 (risk manager)。

🏠 第四節　危險管理與保險 🏠

　　在上述處理純粹危險之五種方法中，避免與保留乃屬消極性質，並非對危險直接有所作為。損失之預防與抑制，一則防杜於事發之先，藉以減少危險事故發生之機會；一則抑制於事發之中，用以減輕危險事故所致損失之程度。但所有預防與抑制方法，欲使各種危險事件之發生及其結果，全然減免，仍不可能。於是必須設法於事後善謀補救之策，經濟上之準備，乃屬主要。

　　通常經濟準備所採用之方法，除儲蓄以外，當為保險 (insurance)。就保險之本質言，對購買保險者，為危險之移轉；對經營保險業者，為危險之保留與集合。因此，除避免外，保險包括所有危險處理方法之性能在內，亦即集所有各種處理方法之大成，宜乎保險為近代危險管理之主要工具。

🐣 一、企業危險管理與保險

　　企業對危險之處理，雖有各種不同方法，但以保險為最主要，前

已述及。有效之購買保險計畫，足以決定危險管理之健全程度。現今多數企業皆未能作整套與長程之設計，以致常發生投保項目之重複，或購買作業之分歧等現象。因此，各企業中對危險之管理責任，應集中於一獨立部門，並須延攬專才，擔任損失預防及購買保險等工作。

危險管理人員應對企業中所有暴露之危險與保險標的之價值，定期作通盤之檢討，俾使管理工作能確實發揮其功能。在購買保險後，對保險單內容須不斷加以研究，分析各項條款是否與實際需要相配合。有關保險費率方面，亦應隨時加以研究，以決定現有保險單之有效費率，依照承保條件是否適當。對保險市場之現狀及其發展情形，並宜隨時注意調查，以確定各種保險業務現有市場之性質及其變動趨向，使能配合調整，以宏危險管理之實效。

二、家庭（個人）危險管理與保險

危險管理之重要性，對家庭及個人並不遜於公司企業。凡適用於企業危險管理之各項工作，皆能同樣適用，僅處理過程較為簡單而已。每一家庭在日常生活中，必須決定何種危險應預防或抑制，何種危險須保留或承擔，何種危險將移轉或避免。對於各種可能存在之危險，加以認識與衡量，選擇適當處理方法，決定實行計畫，藉以減少遭受厄運之憂慮。

家庭對危險之處理，至今仍以購買保險者居多。除承擔財力可能負擔之危險外，在購買保險時，應在本身負擔能力範圍內，採用最大之自負額，以節省保險費之支出。並應認明各種危險處理方法之優先程序，對最迫切需要及有潛在巨災之危險，應先購買保險，以策安全。家庭中為維持一定收入或應付額外支出，家長及家屬皆應參加人身保險；為避免家庭財產價值之受損，可依各種財產性質投保財產保險；

為確實履行對他人損害賠償之責任，則須購買較高限額之責任保險。並在決定購買保險前，洽詢多數保險公司、代理人或經紀人，比較其承保條件，而作最有利之選擇。

三、社會危險管理與保險

近世由於經濟結構之演變，生產技術之改革，動態危險不斷增加，例如經濟制度之失調，引起就業、所得、物價等變動之危險；生產科技之缺陷，導致工業傷害與產品不良等事故之危險，對於公共福利及社會安定皆有密切關係。此等動態危險，通常雖可由社會團體或政府行政力量予以處理，但在處理技術上每有一定限制，仍不免常有重大經濟損失之發生，其影響所及既深且廣。

過去一般觀念，認為保險以處理純粹危險及靜態危險為限，上述之動態危險，非一般傳統之商業保險所能為力。惟若干動態危險之損失分擔，雖無法經由商業保險組織進行與達成，但仍可間接透過保險產品之價格結構，而由社會某一特定部分或整個經濟予以分擔。社會保險與政策保險之實施，即以此種構想為基礎。

第二章

保險之概念

🏠 第一節　保險之意義 🏠

　　天有不測風雲，人有旦夕禍福。在吾人日常生活中，各種危險事故隨時可能發生，以致遭受損失，使經濟生活陷於失衡，而形成不安定之現象。故事先設法防禦，實為要圖，但若防禦之道已盡，猶恐不免，則惟有圖善後之策，而作經濟上之妥善準備。

　　通常所採用之經濟準備方式，即為儲蓄。惟儲蓄對危險事故結果之準備，常不能互相配合。因儲蓄方式所積聚之金額，必須經過一定時間，始能有相當數額；若危險事故在儲蓄初期即已發生，即不能達成充分準備之目的。因此，唯有保險，既可避免儲蓄所具之缺點，又可對危險事故之結果，有充分與合理之準備。

　　保險之意義，歷來學者，頗多不同之解釋，見仁見智，各有短長。惟歸納言之，大致可分為兩類：一為損失說，即以損失觀念為保險理論之中心；一為非損失說，即因損失學說偏重於財產保險方面之解釋，其對人壽保險之若干意義，頗難包括在內（如生存保險之兼具儲蓄因素），因而在損失概念以外，尋求解釋之立場。惟現今有關保險之論述，皆以損失觀念為基礎，殆已成通說。

　　本書為研討便利計，試擬保險之定義如下：「保險者，為確保經濟生活之安定，對特定危險事故發生所致之損失，集合多數經濟單位，根據合理計算，共同醵金，以為補償之經濟制度。」簡言之，保險制

度是將少數人無法承擔之損害,轉嫁由多數人分攤互助共濟之行為。其本質在損失平均,集合多數人之力量平均少數人之損害。加入者將其未來不確定之大額損失,轉化成今日確定之小額損失(交付保險費),以確保經濟生活安定。

🏠 第二節　保險之要件 🏠

第一項 特定之危險事故

　　保險以對特定危險事故發生所致之損失,能予以補償,而確保經濟生活之安定為目的,故特定之危險事故,為保險成立之前提。所謂危險事故 (peril) 者,即指可能引起損失之偶然事件;保險所指之偶然事件,大致含有三種意義:

一、事件之發生與否為不確定者

　　在說明某一事件之發生為不確定前,必先假定事件之發生,須有其可能性。設某種事件絕無發生之可能,而有願參加保險並繳納保險費者,除非患有精神病或懷有詐欺之目的,決不出此。但事件雖有發生之可能,而其發生與否須為不確定者始可。如能確定其必然發生,亦決無任何保險人願承擔此必然給付保險金之責任。

二、事件之發生於何時為不確定者

　　偶然事件之發生,即使可以判斷,然其究於何時發生,仍不能預知,此即具有不確定性。如人壽保險之明知任何人將來必有死亡,但其死亡之發生於何時仍為不確定者。發生時期不確定之事件,必係屬於將來者。過去或現在之事實,其發生或消滅,已經確實,至為顯然。

三、事件發生之原因與結果為不確定者

偶然事件發生之原因，必須為不確定者，否則必為當事人所故意促成，或由保險標的本身所當然發生者。前者如被保險人行為所致之自殺、縱火等事件，後者如保險標的物之自然滅失或消耗。以上各種情形，凡可歸責於被保險人故意而誘發之事故，保險人可免除責任。由於偶然事件之必屬於將來，故其結果如何自屬不能確定，如房屋遭受火災，未必全部焚毀；海上運輸中途遇險，未必船貨全部損失等是。

成為保險要件之危險事故，必須加以特定。所謂特定者，即保險契約成立時，約定某一種或數種危險事故之發生，為保險金給付之條件。又足以構成保險金給付條件之特定危險事故，即保險人所以發生給付義務之事件，稱為保險事故 (insured peril)。

第二項　損失補償與生活安定之確保

保險之積極機能，為危險事故發生所致之損失，得以獲得補償，進而使吾人經濟生活之安定，確保無虞。但人身保險與財產保險所具之確保機能，並不一致。人身保險對於因危險事故發生所致經濟上之損失，頗難正確加以估計，而財產保險則比較容易。因此財產保險對足以引起經濟損失之危險事故，實際所生財產價值之損失，可用作評價之基準而補償之。反之，人身保險則常依預定之金額給付，即普通所採定額保險之形式。財產保險之給付，所以限於損失補償之理由，因財產價值之估計，較易著手；而人身保險則危險事故發生所致損失之程度，頗難測定，因而不得不採用預定方式，以為補救。但如補償金額超過實際之損失程度，每易誘致人為因素促使事件之發生，故無論人身保險與財產保險，其適用損失補償之原則 (principle of indemnity)，當無二致。

論者或有以為損失補償原則不適用於人身保險，尤其人壽保險方面。但所謂損失補償，其補償之程度以適合於確保經濟生活安定之要求為準，就定額之人壽保險而言，金額之多寡，決非全然委諸被保險人任意為之，必須視其原有經濟生活狀況而定。否則定額保險之目的，若僅著眼於危險事故之發生，而授受任意之金額，將與賭博無異。

第三項　多數經濟單位之集合

保險為多數經濟單位之集合，通常有兩種形態：一為多數經濟單位之直接集合，一為通過獨立組織之間接集合。直接之集合，即由預想特定危險事故可能發生之多數經濟單位，共同為達到保險之目的所構成之團體，如相互保險是。間接之集合，即由第三者為保險經營之主體，由預想特定危險事故可能發生之個別經濟單位，向其繳納一定金額之保險費，在危險事故發生後，即由其負給付保險金之責任，無形中成為多數經濟單位集合之中心，如營利保險及公營保險是。保險之要件，主要有多數經濟單位之集合，至其形態如何，則可不問。

惟一般言之，對於比較不規則發生之事故，需要比較更多經濟單位之集合，使其範圍擴大，危險分散。此種現象，就保險經營之技術立場而言，有所謂大數法則 (Law of large numbers) 之運用，大數法則在說明：根據抽樣實驗或統計資料之顯示，某種現象（危難發生及其損害）在若干次抽樣中，會有規則之出現，而規則性與抽樣數成正比。即抽樣數愈大，規則準確性愈高，此規則準確性即為損失機率。未來參加保險之人數愈多，則預期之損失愈能接近於實際之損失，使保險經營之基礎愈益穩固。

第四項　合理之計算基礎

　　合理計算者，為保險技術方面之特性，即以公平負擔為主旨，共同釀金，以為準備之意。加入保險之多數經濟單位，在遭遇特定危險事故發生而有損失時，所需補償之費用，應分擔釀出，並須以合理之計算為基礎，使得所收保費符合補償足夠、負擔公平及能誘導損害防止之要求。此點為現代保險與原始保險及相互救濟制度等區別之所在。此種合理計算而公平負擔之金額，即稱為保險費 (premium)。

　　保險費乃基於損失機率之預測而計算徵收，保險費徵收後，如有餘或不足，不再發還或補繳，此即所謂確定保險費制 (accumulation system)。與之相對稱者，為賦課制 (assessment method)，即先確定一計算期間，至期末總計所有保險金給付數額，而對加入者課徵之，亦即所謂保險費後繳方法。就保險之沿革而言，賦課制為一種比較幼稚之方法，最初為相互保險所採用；確定保險費制較為進步，為一般營利保險所通行。惟今日規模較大之相互保險組織，由於保險費事後收繳手續之不便，已皆陸續改採保險費預付方法。保險費率之事先算定，亦已成為現代保險之特徵。

第五項　經濟制度

　　保險為一種經濟制度，個別之保險契約或保險行為，不足以表明保險之本質。因保險不僅為危險事故發生時所適用之善後方法，且為預想對危險事故之發生及其結果之一種準備制度，故具有相當之持續性。保險以多數經濟單位集合之團體為基礎，保險團體除特殊情形（如社會保險）外，皆係由個別之經濟單位自動參加，而為保險加入者之

結合。因此，對於保險團體之經理運營，乃屬必要，此即所謂保險經營是。保險經營者，即對構成保險團體之個別經濟單位，在遭遇危險事故時，給付保險金，因而必須事先徵收保險費，以形成共同之準備財產。在保險金未支付以前，對於形成之共同準備財產，自應加以適當之管理運用。此種過程，至為重要，必須在一定之計畫與程序下進行始可。故保險應為一種較為永久性之制度，決非短期性之契約與行為。

🏠 第三節　保險之基本用語 🏠

為便於論述，先將有關保險之若干基本用語，簡要說明如下：

一、保險人

保險人 (insurer, underwriter) 為保險契約當事人之一方，經營保險事業之各種組織，在保險契約成立時，有收受保險費之權利，在承保危險事故發生時，依其承保責任，負擔損失補償之義務。

二、要保人

要保人 (applicant) 為保險契約當事人之另一方，對保險標的具有保險利益，向保險人申請訂立保險契約，並負有交付保險費義務。

三、被保險人

被保險人 (insured) 為受保險契約保障之人，以其財物、生命或身體為保險標的，在危險事故發生而遭受損失時，享有補償請求權。要保人亦得為被保險人。

四、保險單

保險單 (insurance policy) 簡稱保單，為保險契約成立之證明書據，由保險人作成後，交付於要保人收執。

五、保險條款

保險條款 (insurance clause) 即保險單中規定契約內容之各種條款，有基本條款與特約條款兩種。

六、保險標的

保險標的 (subject-matter insured) 即危險事故所由發生之客體，如海上保險之貨物船舶，人身保險之生命身體等。

七、保險利益

保險利益 (insurable interest) 指要保人或被保險人對保險標的因各種利害關係而具有之經濟利益，因保險事故發生而受損，不發生而繼續持有。

八、保險價額

保險價額 (insurable, insured value) 指保險標的所有保險利益之評價額，亦即表示保險標的價值之金額。

九、保險金額

指保險契約當事人間所約定之最高給付金額，保險金額 (insured amount) 在保險價額範圍內可自由決定，但不得超過保險價額。

十、保險金

保險金 (amount of loss, claim) 俗稱賠款或給付，即在損失發生時，保險人支付於被保險人之補償金額。

十一、保險費

簡稱保費，指要保人對保險人承擔危險責任所支付對價之金額。

十二、保險期間

保險期間 (policy period) 即保險人負擔危險責任之存續期間，亦即保險契約之有效期間。

🏠 第四節　保險之種類 🏠

保險之種類甚多，不勝枚舉。茲就不同之分類標準，擇其重要者分述如次。

第一項　基於保險經營之分類

❤ 一、民營保險與公營保險

保險經營之主體，有具有私法上人格與公法上人格之區別。人格乃法律賦予自然人及法人之權利能力，是能享受權利、負擔義務之資格。由前者如個人、相互社、相互公司、股份公司等私人或私法上團體所經營之保險，稱為民營保險，或私營保險。由後者如政府或其他公法上之團體所經營之保險，稱為公營保險。

❤ 二、營利保險與非營利保險

營利保險，又稱商業保險，即以營利為目的而經營之保險。最普通者即為經營保險業務之股份公司；但亦有個人經營者，如勞依茲保險商是。非營利保險，又稱非營業保險，即以加入者之相互利益為目的而辦理之保險，如相互保險社、相互保險公司、交互保險社、保險合作社等。

第二項　基於保險對象之分類

❤ 一、個人保險與企業保險

保險以個人或家庭為對象，加入者多數皆係消費經濟單位，謂之個人保險。保險以企業為對象，加入者多數皆係營利經濟單位，謂之企業保險。各種有關財產方面之保險，與企業保險之關係較為密切；

有關人身方面之保險，大都為個人保險。惟人身保險亦有適用於企業方面者，如企業團體人壽保險，財產保險亦有個人保險性質者，如住宅之火災保險是。

二、任意保險與強制保險

任意保險者，以一般人民或企業為對象，其加入與否，完全決定於各人之自由意志。強制保險者，以勞動者或小額收入之大多數國民為對象，由政府或其他公共團體強制其加入保險。一般商業保險皆屬任意保險，而社會保險則多數係強制保險。

第三項　基於保險給付之分類

一、定額保險與損失保險

在保險契約訂立時，由雙方當事人協議一定數目之保險金額，當危險事故發生時，保險人即依照預定金額給付保險金者，稱為定額保險，如一般人壽保險皆是。在危險事故發生時，由保險人評定其實際損失額而支付保險金者，稱為損失保險，或補償保險，如火災保險及海上保險等是。

二、現金給付保險與實物給付保險

保險加入者，因危險事故發生而遭受損失時，保險人給付現金以為補償，如海上保險、火災保險、人壽保險等，即所謂現金給付保險。但亦有規定以實物給付者，如玻璃保險之原物補償，傷害及疾病保險之負責醫療等，即所謂實物給付保險。

第四項 基於保險責任之分類

一、普通保險與社會保險（或政策保險）

保險關係之成立，基於各別或個人責任者，稱為個人保險或普通保險。保險關係之成立，基於綜合或社會責任者，稱為社會保險或政策保險。為推行社會政策所實施之保險，即為社會保險；為推行經濟政策所實施之保險，則如農業保險、輸出保險等是。

二、原保險與再保險

保險人與要保人間，最初成立之保險關係，稱為原保險。由保險人將接受原保險責任額之一部或全部，轉向他保險人再為保險者，即為再保險。再保險初以財產保險方面採用者較多，至今人身保險方面亦採用之。

第五項 基於保險標的之分類

保險之標的，包括經濟生活客體之財產，與經濟生活主體之人身。惟現今保險業務逐漸擴展，不僅以有形之財產與人身為限，即各種無形之權利及責任等，亦包括於保險標的範圍之內。因之，基於保險標的之分類，或有以之分為財產保險、人身保險及無形利益保險三類。然而各種無形之權利與責任等，究其實際，無不與有形之財產與人身，具有間接或直接之關聯，故仍為財產保險與人身保險兩類而已。

一、財產保險

財產保險 (property insurance) 又稱產物保險，即指各種危險事故發生所致財產之毀損、滅失等損失，以金錢或實物補償之保險。其種類甚多，茲擇其主要者列舉如下：

1. 火災保險 (fire insurance)

簡稱火險。即保險人對於保險標的因火災所生之損失，負責補償之保險。大別可分動產與不動產兩類：前者如機械、原料、貨物及家具等之火災保險，後者如房屋、工廠、堆棧等建築物之火災保險。

2. 海上保險 (marine insurance)

簡稱水險。即保險人對於保險標的因海上一切危險事故所生之損失，負補償責任之保險。其屬於船舶者，為船舶保險；其屬於貨物者，為貨物保險；其屬於運費者，為運費保險；其屬於預期利益者，為利益保險。此外，船主所應負運輸之責任，亦包括在內。

3. 內陸運輸保險 (inland marine insurance)

簡稱陸運險。即保險人對於貨物在一國內地水陸運輸中所受之損失，負有補償責任之保險。原僅限於湖泊、河流及其他水道運輸，但今已擴大包括陸上運輸保險在內 。 通常所稱運輸保險 (transportation insurance)，包括海上保險及內陸運輸保險兩種在內。

4. 汽車保險 (automobile insurance)

分汽車損失保險及汽車責任保險兩種：前者包括汽車車身之火災、碰撞、竊盜及其他行駛中之各種危險事故；後者指由於汽車之行駛，使他人身體或財產遭受傷害或毀損時，保險人代負損害賠償責任之保險。

5. 航空保險 (aviation insurance)

即承保有關航空中各種危險事故之保險。以航空業者之財產與責任為保險標的，分為：航空機體保險、乘客責任保險、貨物責任保險及第三人責任保險。因其性質較為特殊，故通常並不包括於普通運輸保險之範圍內。

6. 竊盜損失保險 (burglary insurance)

即承保各種動產因竊盜而被竊取或奪取等所受損失之保險。

7. 玻璃保險 (plate glass insurance)

即為補償門、窗、壁、櫥等玻璃破損為目的之保險。此種保險之特徵，為實物補償代替現金補償，由保險人配換破損之玻璃，使恢復原有之完整狀態。玻璃保險之標的，並不限於建築物本身之裝置，亦包括屬於商業性之用途者在內，如玻璃招牌、櫃檯桌面、陳列櫥窗、電影銀幕、彩色窗飾及霓虹廣告等。

8. 鍋爐保險 (boiler insurance)

即承保氣鍋、煤氣槽等爆炸破裂或壓潰等損失之保險。此種保險對損失預防頗為重視，保險人經常須派員實地檢查提供意見，以期減少損失。

9. 責任保險 (liability insurance)

即被保險人依法律規定，對第三者負損害賠償責任時，由保險人負責補償之保險。主要有公共責任保險 (public liability insurance)，及雇主責任保險 (employer's liability insurance)。前者之保險事故，即被保險人因過失而使一般第三者身體或財產所遭受之損害；後者如工廠雇主對勞動者職務上之傷害或死亡，在法律上有支付賠償或撫卹費用之責時，由保險人代為給付一定之金額。

10. 保證保險 (bonds)

保證保險與一般保險之性質不同，是由保險人對於被保證人之行為或信用，向被保險人為負損失賠償責任之保證。被保證人行為之保證，指對於被保證人應作為而不作為或不應為而為之保證。前者如工程履約保證，又稱為確實保證 (surety bond)，後者如員工誠實保證

(fidelity bond)。被保證人信用之保證,指對於被保證人之借款或應付貨款不依約清償時之保證。前者如市場推出之金融機構小額貸款信用保險,後者則有配合政府輸出政策推出之託收方式 (D/P, D/A) 輸出綜合保險。

11. 農業保險 (agricultural insurance)

農業保險,大致包括收穫保險 (crop insurance) 與牲畜保險 (livestock insurance) 兩部分。收穫保險,即以補償農作物因受各種災害而減收為目的之保險,如雹害、霜害、旱災、水災、風災、蟲災、病害等。牲畜保險,即補償牲畜因死亡、傷病及其他事故所生損失為目的之保險。

12. 輸出保險 (export insurance)

即以鼓勵輸出為目的,承保輸出貨物在海上保險中各種除外危險之保險。此種保險,最初稱為輸出信用保險,後因範圍擴大,不限於輸出信用方面之危險,尚包括輸入國政府政治方面之危險,乃直接稱為輸出保險。

二、人身保險

人身保險 (personal insurance) 即以人類之生命或身體為保險標的,因保險事故發生而給付一定金額之保險契約。其種類頗多,茲擇其主要者列舉如下:

1. 人壽保險 (life insurance)

簡稱壽險,即以人之生存或死亡為保險事故,在事故發生時,由保險人負責給付一定金額之保險。其最初形態為以死亡為保險事故之死亡保險,嗣後逐漸發展,有生存保險及生死合險之倡行。因之人壽保險在經濟上,由單純為死亡時之準備,進而具有儲蓄之機能。

2. 健康保險 (health insurance)

又稱疾病保險 (sickness insurance)，即在被保險人罹患疾病，不能從事工作時，由保險人補償其醫藥費用及收入損失為目的之保險。健康保險，又有廣狹兩義：狹義之健康保險，僅指疾病保險而言；廣義之健康保險，則包括傷害保險在內。在社會保險方面，更擴大包括疾病、生育、傷害、殘廢等四種保險。

3. 傷害保險 (accident insurance)

即因被保險人遭遇意外，以致身體機能頓受障礙或死亡，而由保險人補償其醫療費用或給付殘廢或身故給付之保險。普通可分為一般傷害保險、旅行傷害保險、團體傷害保險及職業傷害保險四種。

4. 年金保險 (annuity)

即被保險人約定於其生存期間或特定期間內，由保險人一次或分期給付一定金額之保險。此種保險，適用於老年退休者較多，亦即上述生存保險之一種。在社會保險中，亦皆有老年給付之規定。

5. 殘廢保險 (disability insurance)

即被保險人因疾病或傷害，成為殘廢，以致喪失或減弱生計能力時，由保險人給付一定金額之保險。此種保險，普通極少單獨採用，即附屬於傷害保險內。在社會保險中，完全殘廢通常多採用年金支付辦法。

6. 生育保險 (maternity insurance)

即以婦女之生育為保險事故，而由保險人給付一定金額之保險。此種保險，屬於社會保險範圍者居多，用以保障勞動婦女生育時所需之各種費用，並維持其在生育期間之一定收入。

7. **失業保險** (insurance for unemployment)

即如公司或商號之職員，工廠之勞動者以及政府之公務員，此等有一定職業之人，一旦失業時，由保險人給付一定金額之保險。此種保險，亦屬社會保險之一種。

8. **教育保險** (education insurance)

即要保人與保險人約定在子女到達一定年齡，或某一教育階段時，由保險人給付一定金額之保險。

第五節　保險之機能

保險之主要機能，在於補償損失，以確保經濟生活之安定。一方面根據合理之計算，而作充分之準備；他方面在特定危險事故發生時，對原有經濟生活所遭受之損失與不安，可迅速獲得補償而恢復。因而保險在整個經濟體系中，有其特殊之功效。茲就私經濟與社會經濟兩方面，分別說明之。

第一項　保險與私經濟

保險在私經濟方面，無論對個人或企業，功效甚大，其主要者有下列各點：

一、保障生活安定

保險不獨對個人生活安定可以確保，且可使家屬生活獲得保障。其在企業方面，當發生損失時，可立刻獲得補償，使企業之經濟生命不致中斷。

二、維持固有收益

個人收入，如因危險事故發生而減少或中止時，可藉保險得以維

持。此種機能，尤以社會保險為著。企業利潤恐受損失，亦可直接用保險方法予以維持，如各種收益保險即是。

三、提高擔保信用

無論個人或企業，皆可由保險而提高其擔保信用。如向銀行辦理借款或押匯時，須有火險或水險保單；又如個人求職與服務期間，須辦理保證保險。

四、鼓勵事業發展

個人經濟生活之安定，有助於其事業之發展，至為顯然。企業經營，因有保險之擔保，毋須提出非常準備金，可以較多資本，作為生產目的之用，亦即增加企業擴展之機會。

第二項　保險與社會經濟

保險對社會經濟，無論生產、分配、交換、消費各方面，均有重大之功效。茲分述如下：

一、生產方面

資本與勞力，為主要生產因素，能藉保險而予以充分之維護。且其對利潤與收入之確保，影響於資本形成甚大。若干保險尚直接關係於資本形成者，尤以有儲蓄性質之人壽保險為然。

二、分配方面

保險乃對多數人協力所形成之共同準備財產，在保險事故發生時，人人皆得以分配之制度。若就社會保險而論，由政府或雇主負擔大部或全部保險費，而由勞動者領受給付，其有關於社會經濟各階層財富之再分配，應無疑義。

三、交換方面

保險有累積資本與調節金融之機能。且對資本、勞力等生產要素有維護作用，使生產不斷進行，供需保持協調，有穩定價格之效。保險並具有便利交易，與減少企業經營各種風險之功能。

四、消費方面

消費品之生產者或經銷商，將保險費之負擔，轉嫁於消費者，一方面雖足以加重負擔，但因費用之廣泛分散，轉嫁之數額極微；另一方面，可使消費品供應無缺，吾人消費生活賴以安定。

除以上所述外，保險對於國際經濟，並有附隨之機能，如鉅額保險標的之國際再保險，可使危險儘量分散，經營益加安全。至於對國際貿易之促進，國際收支之順逆，關係密切，更不待言。

第三章
保險之成立與發展

🏠 第一節　保險之原始型態 🏠

　　傳說遠在上古時代，我國商人早知將危險分散之保險基本原理，運用於長江之貨運方面。當時長江水運，以帆船為主，灘多水急，生命財產喪失之機會極大，貨主即將每次運送之貨物，分散裝載於數船之上，藉免危險集中，而可減少損失。

　　紀元前二千五百年頃，《禮記》〈禮運〉（節錄）有云：「大道之行也，天下為公，選賢與能，講信修睦，故人不獨親其親，不獨子其子，使老有所終，壯有所用，幼有所長，鰥、寡、孤、獨、廢疾者，皆有所養。」足證我國古代早有共同謀求經濟生活安定之崇高理想，亦可謂為世界最古之保險（社會保險）思想。

　　此外，世界各國有關保險淵源之各種史實，傳說紛紜。茲舉述較為重要者如下：

　　(1)紀元前二千五百年頃，巴比侖 (Babylonia) 時代，國王曾命令僧侶、法官及市長等，對其轄境內居民徵收賦金，以備救濟火災及其他天災損失之用。

　　(2)紀元前二千二百五十年頃，巴比侖王漢默拉比 (Hammurabi) 時代，曾在法典中規定，隊商間如馬匹、貨物等中途被劫或發生其他損失，經宣誓並無縱容或過失等情事後，可免除其個人之債務，而由全體隊商補償之。此種辦法，其後復傳至腓尼基

(Phoenicia)，並擴充適用於船舶載運之貨物。

⑶紀元前一千年頃，以色列 (Israel) 王所羅門 (Solomon)，對其國民之從事海外貿易者，課徵稅金，作為補償遭遇海難者所受損失之用。

⑷其他如古代猶太、巴勒斯坦、埃及、希臘、印度等，亦均有與保險類似之設施，成立各種互相救助之團體。其尤為一般保險史家所傳誦者，在一世紀時，羅馬有 collegia tenuiorum 之組織，最初乃一宗教團體，嗣後徵收一定之入會費，在會員死亡時，可由其遺屬領受一定金額之喪葬費用，可謂為人壽保險之濫觴。再在羅馬軍隊中，亦有類似之組織，給予參加者調防旅費、退休津貼及喪葬費用等。

以上各項，雖傳說頗盛；但其間至難發現有一定之脈絡前後相承，僅為保險類似設施之片斷史實而已。故論述保險之起源，當自比較近代者始。

🏠 第二節　海上保險 🏠

海上保險，起源最早，殆已成為定說。究其淵源，即海上保險發生於何時、何地、以及如何發生，學者間頗不一其說。據德國經濟史家蕭培 (Adolf Schaube) 氏之考證，認為最先之海上保險，發生於十四世紀中葉以後之義大利。蓋當時義大利諸海港為海上貿易之中心，此為一般經濟史家所承認，海上保險即基於海上貿易者之要求而發生，以此推斷，似可無過。雖然，在十四世紀後半期，並無義大利實行海上保險之明確史實；但由於有義大利文字發行之保險單發現，可為信證。

據多數學者之研究，海上保險之發生，導源於當時義大利之冒險

貸借 (bottomry)。冒險貸借者，盛行於中世紀義大利諸都市及其他地中海沿岸地方，船舶與貨物之所有者，接受資本主資金之融通，當船舶及貨物安全到達目的地，即須償還本金及利息；若中途船貨蒙受損失，則可依其程度，免除貸借關係中債務之全部或一部。此種貸借關係，債權者由於危險頗大，常收取極高之利息，約為本金四分之一至三分之一。

由於冒險貸借之利息過高，曾為教會所禁止，故不久即行消滅，而有無償貸借（又稱假裝貸借 (mutuum gratis et amore)）之發生。無償貸借者，在航海之前，由資本主以借款人地位，名義上向貿易業者借入一定之款項，若船貨安全到達目的地，則借款人不負償還之責；如船貨中途損失，則借款人有償還之義務。其借貸關係及償還條件，恰與冒險貸借相反。此種制度，與現代之保險制度較為接近，當危險發生時，其償還金額實即相當於補償之保險金；至於危險負擔費，則由貸款人實際支付之，並不表示於契約中。無償貸借契約最早之紀錄，可見於一三四七年十月二十三日熱那亞 (Genova) 之公正證書中。

其後，復由無償貸借演變而有空買賣契約（又稱假裝買賣契約 (emptio venditio)）之發生。此種空買賣之條件，即船貨安全到達目的地時，契約無效；如中途發生危險時，則買賣成立，由資本主支付一定之金額，實與保險金相當。而危險負擔費，則於訂立契約之時，以定金名義由貿易業者支付於資本主。空買賣契約最早之記錄，於一三七〇年七月十二日熱那亞之公正證書中亦可見及。

此種偽裝之空買賣契約，不論其形式如何，其實質與損失補償契約，並無二致。至於形式與實質為純粹之保險契約，據已發現之最早記錄，當為一三八四年之比薩 (Pisa) 保單，乃自法國南部之阿爾茲

(Arles) 至義大利比薩間之貨物保險所用。

以上所述,為十四世紀後半期義大利成立海上保險之經過。其後海上貿易中心移動,海上保險制度,亦自義大利經葡萄牙、西班牙,於十六世紀初傳入荷蘭、英國及德國之漢薩諸鎮 (Hanse Towns)。至十七世紀,英國之海上保險,猶為外人所操縱;其後英人逐漸自己經營,至十七世紀末,專業之保險商始陸續興起。

十七世紀末,英法戰爭中,英國與荷蘭之貿易,遭受嚴重打擊,尤其一六九三年史密那商船隊 (Smyrna Fleet) 全部覆沒,英國及荷蘭之商人與保險業者,損失鉅大,頗受輿論之刺激。至一七二○年,英國皇家交易保險公司 (Royal Exchange Assurance Corporation) 及倫敦保險公司 (London Assurance Corporation),先後成立。當時法律規定,除個人經營者外,不准再有其他公司設立,故兩公司曾一度獨占全國保險業務。

另一方面,個人保險業者,非但未因以上兩公司之獨占而減少,反使彼等深感有設立保險交易中心之必要。當時倫敦咖啡店非常繁盛,海運業及貿易業者經常出入者,有勞依茲 (Edward Lloyd) 氏所設之咖啡店。勞依茲氏本為英國十七世紀之茶商,開設咖啡店於塔街 (Tower Street),該店除為海陸商人會集之處外,兼為內外商業通訊之所,凡船舶航行與貨物運輸等事,消息報導頗為靈通,成為倫敦海上保險之總會。至一六九二年,因營業擴充,勞依茲 (Lloyd's) 復由塔街至倫巴街 (Lombard Street);最後,至一七七四年間,又遷至倫敦皇家交易所 (Royal Exchange),遂成英國海上保險業之中心。

迨十九世紀時,由海上保險之發展,首先有河川、港灣之運輸保險,其後與鐵路、公路有關之內陸運輸保險,附隨發達。至一八七○

年代，因有聯運提單之使用，遂對連通之危險，亦有保險之可能。此外，倉庫、碼頭、船塢、停車場之危險，貨物於加工製造中之危險，先後於二十世紀初為海上保險之保險人所承受。

🏠 第三節　火災保險 🏠

火災保險之起源，有謂應溯自基於一一一八年冰島 (Iceland) 所設立之 Hrepps 社，對火災及家畜死亡所致之損失，負補償之責任。及至中世，德國北部有基爾特制度之盛行，亦多兼營火災相互救濟事業，但皆以社員為限，且多偏於道義救助之性質。如一五九一年漢堡有釀造業者組成之火災救助協會 (Feuer Kontrakt)，凡加入者遭遇火災時，可獲得建築物重建之資金，又可以建築物擔保融通資金。至一六七六年，由四十六個協會，於漢堡市合併設立火災保險局（又有譯稱綜合火險金庫 (Generalfeuerkasse)），此為公營火災保險之創始。

另一方面，德國於三十年戰爭（一六一八年至一六四八年）後，兵燹之餘，深感對火災之救助，有設立保險機構之必要，柏林 (Berlin)、科侖 (Coln) 等地，均先後計畫倣效漢堡籌設火災保險局，惜因故未能實行。直至一七一八年，始於柏林市創立公營火災保險所。其後陸續成立者，遍及各地。

火災保險之另一系統，起於英國。一六六六年九月二日倫敦大火，延續五日之久，市內四百四十八畝之地區，有三百七十三畝化為瓦礫，一萬三千二百戶住宅悉付灰燼，居民無家可歸，慘痛萬狀。火災保險思想，由是深入人心，翌年牙科醫生巴蓬 (Nicholas Barbon) 氏個人創辦保險業務，為私營火險之始。後於一六八〇年巴蓬氏復糾集同志三人，設立火險公司 (Fire Office)，保費計算，根據房屋之租金；且規定

木材構成之房屋，較泥磚砌成之房屋，保費應加一倍。此種按照房屋
危險情形之分類方法，為今日火險差別費率之濫觴。

　　另一方面，倫敦大火後，曾一度倡議市營火災保險，未見實行，
即告中止。惟於一六八三年，復有相互組織友愛社之設立，是為英國
相互保險之始基。其社章規定，每一社員每年除繳一定數額之保險費
（木造建築為磚造建築之兩倍）外，並須繳納五倍於此數之委託金。
在火災發生時，所有損失，依照保險金額分擔之。一六九六年另一相
互保險組織設立，稱為攜手相互保險社 (Hand-in-Hand Mutual
Insurance Office)，承保房屋及其他建築物。此等相互社，規定於事先
對各社員收取相當之委託金，通常即以委託金之利息或投資收入，作
為一般損失時補償之用。在一定時期內，所有委託金，除支付補償金
額及各種費用外，多則攤還，不足補繳。

　　至一七一〇年時，波凡 (Charles Povey) 氏創設永明保險公司 (The
Sun Fire Office)，開始接受不動產以外之動產保險，營業範圍遍及全
國。迄至今日，尚為現存英國最古保險公司之一。惟當初公司對於動
產與不動產，以同一費率徵收保險費，故尚未具有合理計算之基礎。
後於一七一四年時，復有相互公司組織之聯合火險公司 (Union Fire
Office) 成立，又稱重攜手 (Double Hand-in-Hand) 社。非但磚造與木造
建築有所分別，並依照建築之位置、使用之目的、物品之種類等，採
用危險分類方法，實為保險費率計算之一大進步。

　　此外，前述經營海上保險之倫敦保險公司及皇家交易保險公司，
先後於一七二一年及一七二二年，經政府准許兼營火災保險業務，亦
對火災保險之成長影響甚大。此後，火災保險業者，因同業競爭之增
加，不得不力求改進，以圖生存；同時由於經營經驗之累積，使經營

方法與契約內容，逐漸改良，依照危險之程度，確立危險分類制度，保險費率之計算，漸臻合理。

火災保險，至十九世紀時，業務又有進一步之擴展，其保險事故，除固有之火災危險外，爆炸及雷擊之危險、消防及倒塌時所有間接引起財物之損毀，房屋租借雙方當事人因火災所致之各種損失，以及防止損失費用之負擔等，均可包括於火災保險範圍之內。近代各火險公司，更有特約承保之各種附加新興保險業務，例如地震保險、風暴保險、從屬損失保險，以及其他除外危險之承保等。

🏠 第四節　人壽保險 🏠

人壽保險之起源，或謂最初附屬於海上保險，而行商品奴隸死亡之保險，其後推及陸上奴隸生命之保險，最後發展至以自由人為人壽保險之對象。或謂人壽保險之發生，乃由基爾特制度、公典 (mount of piety) 制度及年金 (annuity) 制度等匯集而成。惟當初之人壽保險，多屬利用保險而行賭博之實，致有礙於正常業務之進展，各國乃有加以禁止之趨勢，如一五七〇年荷蘭國王之勅令，以及一五五八年之《熱那亞法典》，皆其明例。

對於人壽保險技術之發達有密切關係者，為年金之計算。荷蘭政治家維德 (Jan de Witt) 氏於一六七一年倡行終身年金現值之計算，然其計算方法，並不十分完善。迨十七世紀末，英國著名天文學家赫利 (Edmund Halley) 氏研究死亡率，作成生命表 (mortality table)，使年金價額之計算，更為精確。由此，研究者日眾，對於生命表之編製，機率論（或然率）與大數法則之創立，建樹殊多，提供人壽保險計算之基礎，並促進一般保險技術之發展。

人壽保險，雖與火災保險同時為若干類似制度蛻化而來；然現代人壽保險之成長，則較火災保險為落後。英國於一六九八年，有專營寡婦年金事業 Mercers Company 之設立，至一六九九年又有孤寡保險會 (The Society of Assurance for Widows and Orphans) 之創設，由參加者共同釀金，以救濟身後所遺孤寡生活之用，皆屬相互保險組織之性質。至一七〇六年時，又有協和保險社 (The Amicable Society for Perpetual Assurance Office) 之成立，採行一種類似死亡保險之湯吉聯合養老制度。再上述經營海上保險之倫敦保險公司及皇家交易保險公司，在經政府准許兼營火災保險之同時，並兼營人壽保險。惟此等組織，關於人壽保險之方法及計算，均不完備，尚不能以現代之人壽保險視之。迄至十八世紀之四、五十年代，辛浦森 (Thomas Simpson) 氏根據赫利氏之生命表，作成依照死亡率增加而遞增之費率表。其後，陶德森 (James Dodson) 氏復依照年齡之差等而計算保險費，實現死亡保險之理想；並於一七五六年發表其計畫，經過不少曲折，卒於一七六二年有倫敦公平保險社 (The Society for the Equitable Assurance of Lives and Survivorship) 之成立，此乃真正依據保險技術之基礎，而最初設立之人壽保險組織。由是採用公平保險社計算辦法之現代人壽保險公司陸續增多，且所有以前用不完全方法經營人壽保險之友愛社，亦相繼倣效，面目一新。

人壽保險之發展較為複雜，十九世紀後，保險條款有逐漸有利於被保險人之趨勢。近年復有特殊之發展，即舉辦如各種型態之混合保險（生死合險），將保險原有之機能與儲蓄相結合，使人壽保險具有多方面的功能。再如簡易人壽保險之推行，致人壽保險普及於大眾；團體保險及弱體保險之舉辦，尤使保險之功能，在社會方面益形重要。

🏠 第五節　其他各種保險 🏠

在營業保險方面，其他各種保險之發展情形，頗為龐雜。竊盜保險之創始甚早，在中世紀時即已存在。德國於十七世紀時，火災保險組織中，附有家畜及一般財物之竊盜保險。其次，傷害及疾病保險方面，例如一六六三年時，法國倡行旅行傷害保險；一六六五年荷蘭有軍人傷害保險之實施。較為近代者，一八四八年英國倫敦鐵路旅客保險公司，承辦旅客傷害保險，至一八五二年時，該公司又擴充營業對象，不以鐵路旅客為限。美國之傷害及疾病保險，始自一八五○年麻薩諸塞州之富蘭克林疾病保險公司，最先亦以承保旅客為限，限制甚嚴，保費頗廉。英國於一七○二年設立雇主損失保險公司，為誠實保證保險之嚆矢，其後於一八四○年有保證社 (Guaranty Society) 之設立，一八四二年復有英國保證公司 (British Surety Company) 之設立，美國則於一八七六年有誠實保證之採行。至於確實保證，則於一八八四年，紐約美國保證公司首先創辦。責任保險，自十九世紀前半期《拿破崙法典》中，有賠償責任之規定後，法國首先舉辦，其後德國繼起傚效，英國於一八五七年有責任保險之創立，美國則於一八八七年以後，責任保險始見成長。汽車責任保險於一八九五年首創於英國，美國於一八九八年開始承辦汽車責任保險，其後陸續發展，於一八九九年有汽車碰撞保險之成立，一九○二年復有汽車損毀保險之實施。

內陸運輸保險之發展，始於美國，在第一次世界大戰時，政府接管全國鐵路，貨物託運人因貨物損失時，向政府要求賠償頗感不便，乃轉向保險公司投保。其次，由於汽車事業擴展，汽車貨運增加，其於海上運輸頗多不同，危險性質亦有差異。貨物託運人所需保險公司

之承保責任，亦不一致，形成內陸運輸保險之特殊性格。再次，美國在第一次大戰後，國民財富迅速增加，竊盜案件發生之記錄亦趨上升，於是大多數人尋求保險公司之保障。最後，連鎖商店之興起，貨物運輸繁忙，自倉庫至商店，自甲地至乙地，危險因素頗多，性質亦不一致，綜合危險 (all risks) 性質之內陸運輸保險，乃應運而起。

由於社會經濟制度之不斷改進，人類經濟生活為求適應與安全計，對各種新的危險，非原有各種保險所能承擔，於是有各種新興保險之成立。在另一方面，由於保險技術之進步，亦足以鼓勵新興保險業務之創辦。因而今後之保險業務，種類不斷增加，性質日趨複雜，當可斷言。

🏠 第六節　社會保險 🏠

近數十年間，保險在另一方面顯著之發展，即社會保險之興起，一八八○年代中，德國在勞動保險之形式下，國家直接參加保險之組織與經營。蓋在十九世紀後半期以後，由於工業之急劇發展，形成多數之工資勞動者，以社會立法手段，與政府相對峙。德國首相俾士麥 (Otto von Bismarck) 為對付當時勢力增大之社會民主黨，除用各種壓制手段外，以積極方法增進勞動者之福利，乃有社會保險之產生。首先於一八八三年創行疾病保險，一八八四年增設傷害保險，至一八八九年復舉辦廢疾保險及老年保險，並由國庫撥給補助金，強制勞力者加入，實為保險制度之一大擴張。其後再度擴大加入者之範圍與保險事故之種類，而其他諸國亦相繼倣效。英國於一九一一年，在自由黨政府之下，制訂《國民保險法》(National Insurance Act)，強制實施工業勞動者健康保險。嗣在強制主義之基礎上，復對勞動者失業之危險，

從事於失業保險之舉辦，為社會保險之發展史開一新紀元。第一次世界大戰後，勞動者之勢力益加增大，且由於國際勞動者之合作，力謀其地位之提高，因而社會保險先後為義大利、日本、丹麥、比利時、奧地利等國家所倣行。惟美國之情形稍有不同，自一九二九年後，受世界經濟恐慌之影響，勞動者失業年有增加，始於一九三五年創設社會安全制度 (social security)，辦理失業保險，故其實施較歐洲各國為遲。

第一次世界大戰時，社會保險之重點，在於分配政策方面，因之加重雇主之負擔，為當時之一致傾向。迨至第二次大戰，社會保險生產政策之意義，轉為各國所重視，並擴大社會保險之保護作用。尤其各交戰國家，甚至以附有財政政策之目的，以為推銷公債與抑制通貨膨脹之手段。

二次大戰後，英國對社會安全之構想，亦一反過去之觀念，將社會保險與其他設施相並立，如一九四三年勃佛里奇 (Sir William Beveridge) 氏對社會保險之研究報告，即稱之為「社會保險與有關設施」(Social Insurance and Allied Services)。在勃佛里奇氏之報告中，將醫療實物給付，歸屬於保險以外之設施，而社會保險則專指在不能勞動者之「所得保障」(income security) 部分而言，並統一所有不能勞動時之各種給付，使成為所謂單一社會保險之型態。

在一九六○年代，世界經濟普遍繁榮，各國對社會保險制度皆採取擴張政策，如擴大保險對象、提高給付標準、增加給付項目及放寬給付條件等皆是。惟自一九九○年代以來，世界經濟衰退，通貨膨脹，失業增加，政府財政困難，人民生活艱苦，一方面固使社會保險面臨一大考驗，另一方面亦使其更能發揮對社會經濟之功能。

第四章

保險組織

🏠 第一節　保險之組織型態 🏠

保險之組織型態，種類頗多，就經營之主體而言，有公營保險與民營保險之分；就經營之目的而言，有營利保險與非營利保險（又稱營業保險與非營業保險）之別。以上四者，其關係交互錯綜，即無論公營保險與民營保險，皆有以營利或非營利為目的者。

保險之由政府或其他公共團體經營者，謂之公營保險；反之，由私人或私法上之團體所經營者，謂之民營保險。民營保險以營利為目的者居多，而公營保險則採營利主義者較少。

公營保險之以營利為目的者，主要為增加財政收入之手段。其非為營利之目的者，著眼於政策之實施。公營保險組織之型態，普通又可分為兩類：一為任意性質者，即對於保險加入者並無強制性，加入與否全憑己意自由決定，其經營方式與一般民營保險類同。一為強制性質者，即對於加入者有強制權，通常各國實行之社會保險，大都採取此種型態。

民營保險組織之型態，其以營利為目的者，以個人保險商與股份公司為主；其非以營利為目的者，即指相互組織與合作組織而言。此外，尚有介乎兩者間之保險組織，稱為混合保險組織。

茲將各種民營保險組織之性質與內容，分別擇要說明如後。

第一項 營利保險組織

民營保險之營利組織，通常包括個人組織及公司組織兩種：

一、個人組織

個人組織之最可代表者，當推英國倫敦勞依茲 (Lloyd's) 組織。勞依茲本身並不接受保險業務，乃係個人保險商 (underwriter) 所集合之團體，每一參加勞依茲之保險商，對其所認定承保之金額負責，彼此間並無連帶之團體責任。勞依茲之業務，由保險經紀人介紹，而由願意承保之個人保險商接受其全部或一部。實際上個人保險商，除參加勞依茲團體外，尚分別組織辛迭卡 (Syndicate)，對所有接受之業務，由參加辛迭卡者按照約定比例分別負責，個人保險商僅供給資本而已。

由於現代工商企業之發展，保險金額之日趨鉅大，經營保險業者，非有較大之規模，與充實之資力不可。個人資力究屬有限，不易勝任，因而除倫敦勞依茲保險商仍具有相當勢力外，其他個人組織已逐漸減少。

二、公司組織

營利保險組織，通常採用公司組織之主要型態，即為股份公司 (capital stock company)。此種組織，由於參加股份之人數無限制，巨額資本容易募集；且股東之責任，以其所認股份為限。由於資本較大，獲利之可能性亦大；由於責任較輕，損失之危險性亦小。今日保險技術之不斷改進，與新興業務之陸續創辦，有賴於此種特性之鼓勵甚大。

股份公司獲利可能性之大小，為吸引資本參加之必要條件，如財務狀況健全，營業成績良好，公司股票為投資之良好對象。此種情形，對保險組織而論，可收資本逐漸增加，組織逐漸擴大之效。尤其當經濟劇烈變動，或發生非常損失之時，益見重要，徵諸德國在第一次世

界大戰後保險公司之財產，受通貨膨脹與馬克貶值之影響，損失慕大，而股份公司能較其他型態之組織處於有利之地位。近年世界經濟普遍衰退，各保險公司之業務，較少不利影響，皆可作為明證。

第二項　非營利保險組織

民營保險之非營利組織，即指相互組織及合作組織而言，通常有下列四種：

一、相互保險社

相互保險社 (mutual insurance association) 雖為保險組織之原始型態，但在今日歐美各國中，此種組織仍然相當普遍。或以地方區域，或以職業類別，為其業務範圍。且無論海上、火災、人壽及其他各種保險業務，皆有設社經營者。

相互保險社之組織與經營，頗為簡單。其保單持有人，即為該社之社員。各保單之保險金額，並無十分高下，因而每人有相等之投票權，選舉理事及高級職員。通常設一專任或兼任之秘書，支領薪給，為該社之實際負責人。對承保業務所需保險費之計算，並無數理基礎，採用賦課方式，即依保險金給付之多少，由各社員分擔之。各社員在投保時，僅須繳付極少之保單費用，或一小部分之保險費，於保險事故發生時，再依照實際所需，由各社員分擔繳納。由於此種經營方式之有欠健全，以及有悖保險合理計算之本旨，故其發展僅局限於小規模之組織，以達社員間彼此互助之目的而已。

二、交互保險社

交互保險社 (reciprocal exchange) 為單獨存在於美國一種保險組織之特殊型態。由於若干商人感於投保營利保險費用負擔過大，乃共

同組織互相約定交換保險。例如某甲參加交互保險社，約定以 10 萬元為其保險責任之限度，即某甲可在 10 萬元之限度內，將自己財產之保險責任，比例分散於乙、丙、丁等各社員之間；同時接受各社員所有財產之保險責任，總計亦以 10 萬元為限。如此，使某甲對 10 萬元之危險，由集中於個人財產轉變為分散於乙、丙、丁等各社員之財產間。其特質有二：一為保險加入者以社員為限，亦即限於社員間之交換保險；二為各社員以個人資格在一定金額限度內負其責任，與相互組織有所不同。

　　交互保險社之業務，由各社員以委託書方式委託一代理人經營，由其代表全體處理社內一切事務，以所收保險費的一部分（35% 左右）作為其酬勞及其他費用。此種組織在火災保險與汽車保險方面較多。其保險費之繳納亦採賦課方式，並無資本、盈餘及準備金等之積存。

三、相互保險公司

　　相互保險公司 (mutual insurance company) 為保險特有之公司組織型態。其經營方式乃由社員事先繳納相當資金，用以支付創立費用及作為事業資金與擔保資金。此種資金並不稱為股本，而稱為基金，其與股份公司各股東所認繳之股金性質不同。股份公司之資本，乃屬公司所有；而相互保險公司之基金，則為公司之債務。在昔相互保險公司對於保險費之徵收，多在營業年度終了，按各加入者之配分徵收之。惟現今為避免保險金給付不足時，臨時徵收之不便，故亦與營利保險之股份公司同樣採確定保險費制，即改行事先繳納保險費辦法。

　　相互保險之相互性，本意原為保險加入者對於公司之管理，實行所謂公司自理。但因相互保險公司，規模較大，組織複雜，公司自理決非易事，公司與加入者之密切關係，僅有其名義而已，實際上此種

相互性已不復存在。此外，在經營方面，相互公司亦與股份公司無甚差別，如業務組織、技術設施、契約募集、保費計算以及財產運用等，彼此全屬一致。故現代之相互保險，與初期之相互保險，已大相異趣，其實質反與營利保險頗為接近。

近代各國之相互保險公司，頗多即由保險股份公司改變而成。即保險股份公司於經營相當期間後，累積鉅額盈餘，其數超過資本而有餘力時，即將各股東之股金退回，改組成立相互保險公司。此一相互保險公司，不再有任何股東，而為全體被保險人所共有。凡向相互保險公司投保與繳納保險費後，一方面成立保險關係，在保險事故發生時有請求保險金之權利；另一方面取得社員資格，享有分配盈餘之權利。當保險契約終止時，社員資格亦告喪失。此種組織，現頗盛行。

四、保險合作社

保險合作社 (co-operative insurance society) 乃以合作社方式經營保險之組織，為與相互保險社相似之一種特殊型態。關於其意義及性質，學者間頗不一其說，或有以為合作保險即相互保險，兩者並無差別；或有以為合作保險乃相互保險之一種，僅範圍大小有所不同，在性質上無甚差異。惟究諸實際，合作保險與相互保險組織雖非截然兩物，但其內容則仍有若干不同，兩者之主要區別如下：

(1)相互保險社及相互保險公司皆無股本，而保險合作社則於社員加入時，須繳一定數額之股金。

(2)相互保險社或相互保險公司，與其社員之間，係為一時之目的而結合，如保險契約終止，則社與社員間即自動解約。但保險合作社與社員間之關係則比較永久，社員認繳股金後，即使不利用合作社之服務，其社員關係依然存在。

(3)相互保險社社員應繳之保險費，依實際損失或需要分擔，事先
並不確定。而保險合作社向採確定保險費制，事後不再補繳。

然相互保險公司現今亦皆徵收確定保險費，與保險合作社則同。

最早之保險合作組織，應溯自一八六七年英國之合作保險公司
(Co-operative Insurance Company)，其後逐漸發展，迄今此種組織已分
布於三十餘國，其中仍以英國之保險合作社社數最多，範圍較大，為
世界合作保險之中心。

第三項　混合保險組織

混合保險者，其性質介於營利保險與非營利保險間之一種特殊組
織型態。通常有下列兩種方式：

一、營利性之混合保險組織

即營利保險組織將其盈餘之一部分，分配於被保險人。或由加入
某種保險之一部分被保險人，組成一團體，對另一特定危險，實行相
互保險。

二、相互性之混合保險組織

即相互保險組織之加入者，繳納定額保險費，免除追補義務，在
相互保險組織支付不足時，採削減保險金額辦法。業務經營，亦採營
利保險辦法，即以再保險方式，將危險分散於其他保險公司。前述之
相互保險公司，實際即屬此種混合保險組織。

🏠 第二節 保險之業務組織 🏠

第一項 內部組織

　　保險之內部組織，為業務經營之中樞，綜理全部業務之管理與營運，並指揮監督所屬外務組織。通常依照組織性質、業務範圍與規模大小等情形，實行分部辦事，與一般工商企業之內部組織情形大致相仿。茲以股份公司為例，股東會為最高權力機關，董事會為執行機關，監察人為監察機關。總經理由董事中互推，或由董事會另聘，秉承董事會之意旨，總攬全公司之事務。總經理以下，則有副總經理或協理，各部則有經理或主任，部以下又分科或課（或股），以及各級辦事人員。內部組織，通常依職務標準，可分為下列各部：

　　(1)承保部 (underwriting department)。

　　(2)再保部 (reinsurance department)。

　　(3)理賠部 (claim department)。

　　(4)代理部 (agency department)。

　　(5)法律部 (legal department)。

　　(6)投資部 (investment department)。

　　(7)計算與統計部 (actuarial and statistical department)。

　　(8)其他各部 (other departments)。

第二項 外務組織

　　保險之外務組織，除設立分支機構外，一方為業務推行之普遍起見，多數皆採行保險代理制度，設置代理人；他方復賴經紀人之從中

介紹拉攏，促成保險契約之訂立。此外，尚有公證人，受託辦理有關保險業務之查勘與公證事項。茲將三者之性質，分別說明如下：

一、保險代理人

即指根據代理契約或授權書，向保險人收費，並經營代理業務之人。保險代理人 (insurance agent) 之權力範圍，在代理契約或授權書中予以規定，通常以招攬與接受業務、收取與繳付保險費、查勘業務、簽發保單、審核賠款、及承保業務方面之有關事項為限。在規定權力之合理限度內，其行為對所代理之保險人，有拘束效力。但在規定權力範圍內，如有違反其所代理之保險人之特殊指示而致發生損失時，代理人須負賠償責任。代理人之行為，通常即視為其所代理之保險人之行為；其在法律上之關係，應適用民法有關代理之一般規定。

二、保險經紀人

保險經紀人 (insurance broker) 即指基於被保險人之利益，代向保險人洽訂保險契約，而向承保之保險業收取佣金之人。通常保險經紀人熟悉保險業務，代要保人向保險人或保險代理人接洽，在最優惠之條件下訂立保險契約。因此，保險經紀人乃處於保險人或保險代理人之對立地位，其行為應基於要保人或被保險人之利益而為之。經紀人與保險契約雙方當事人之法律關係，依民法中居間之規定，與一般商業居間人大致相同。各國法律對保險代理人及保險經紀人，皆設有管理之規定，如執行業務必須具備適當資格，向政府登記領證，繳存保證金，並應有固定營業處所，及專設帳簿記載業務收入等是。

三、保險公證人

保險公證人 (insurance surveyor) 即指以第三者之立場，受保險人或被保險人委託辦理保險標的之查勘、鑑定、估價，與賠款之理算、

治商，而予證明之人。因此，所謂公證人者，實包括辦理調查人 (investigator)、鑑定人 (surveyor)、估價人 (appraiser) 及理算人 (independent adjuster) 等各種任務之人。保險公證費是證明索賠之費用，具從屬性質，唯有在被保險人之索賠成立，保險人支付賠款後，才補償被保險人之此項費用。但於保險人委請公證之情形，保險人必須根據委任公證契約支付公證費，與索賠成立與否「無關」。

🏠 第三節　保險組織之特殊型態 🏠

在本書第一章中曾述及危險處理之各種方法，其中若干危險可由自己保留與承擔。危險自留之方法頗多，或按當期基礎預列費用或提存準備，或則建立損失補償基金，或則實行自己保險或專屬保險計畫。近年來，自己保險與專屬保險，尤為企業界所重視及廣為採行。

第一項　自己保險

自己保險 (self-insurance) 者，即企業單位運用保險原理與經營技術，透過足夠數量之同類危險單位，憑本身經驗預估其損失頻率及損失額度，設立基金以備補償損失之需，使能以較低成本獲得充分之安全保障。因此，自己保險計畫之成立，企業本身必須有足夠數量之危險單位為先決條件；並能指撥專用基金，以備償付突發與大額損失；且備有過去損失之確實資料，始能對預期損失作正確之估計。企業本身尚須具備健全之財務狀況，良好之管理制度，使基金能作妥善之運用，計畫能有審慎之設計與執行。

自己保險計畫為近代若干大規模企業所採用，因其具有若干特殊功能，為一般商業保險所不及。但其適用範圍亦有若干限制，並不能

如商業保險之普遍採行。茲將其優點與缺點，簡要說明如下：

一、優　點

1.節省保費負擔

保險費結構中，附加保險費每占總保險費 30% 至 40%，自己保險可節省大部分附加保險費之支出。

2.迅速獲得補償

自保計畫為企業危險管理之一部分，對損失補償金額之處理，利害一致，可迅速獲得解決。

3.處理非可保危險

企業所有一部分非可保性質之危險，可藉自己保險以控制成本與分散危險。例如罷工事故係屬動態危險，為商業保險所不保。但現今若干產業中多數廠商每常建立自保計畫，以克服此種非可保性質之限制。

二、缺　點

1.危險單位不足

保險乃將個別危險單位遭受損失之不確定性，轉變為多數危險單位可預知之確定損失。危險單位不足，將使實際損失與預期損失發生偏差，而使經營遭遇困難。

2.管理人才缺乏

自保計畫可能並不如商業保險經營之有效，規模較小之企業，缺少專業之危險管理人員，對自保計畫之設計執行，不易奏效。

3.基金建立費時

自保基金之建立，必須經較長期間逐漸累積而成。在自保計畫創立初期，如遇鉅額損失發生，所有基金將有不足以應付補償損失之虞。因而對基金累積之時間因素，應予重視。

在大多數情形下，自己保險與商業保險常被混合採用，即由企業依據其可能建立之自保基金，決定自保計畫之最高責任額。在超過自保責任額以上者，則購買商業保險，以避免遭受鉅額損失。此種情形下所購買之保險，即所謂超額保險 (excess insurance)。因此自己保險計畫之建立，並不致影響對商業保險之需要。

第二項　專屬保險

專屬保險 (captive insurance) 者，乃指若干非保險業之大規模企業，為撙節費用（主要為租稅）以及承保業務之伸縮性，而投資設立之附屬保險機構，通常即稱為專屬保險公司。由於專屬保險公司係以母公司所有之保險業務為主要業務，故其設立可謂為自己保險計畫之一種特殊型態。近年跨國公司 (multinational corporation) 普遍設立，業務規模龐大，資產遍及世界各地，所有各種危險如分別在當地購買保險，頗不經濟。於是選擇在國外保險稅負較輕之地區，設立專屬保險公司，藉以減免租稅之負擔，並可承保無法由傳統保險市場所提供之業務。最近一般專屬保險公司復脫離原有之業務範疇，不再限於承保母公司之業務，而接受直接外來業務，並漸次進入再保險市場，遂使專屬保險公司之地位，益受重視。茲將其利弊得失，簡要說明如下：

一、優　點

1. 增加承保彈性

專屬保險公司對於傳統保險市場所不願承保之危險，亦可予以承保，當可解決母公司危險管理上之困難。

2. 節省保險成本

專屬保險與自己保險相同，可節省各種附加費用。並可在再保險

市場中對費率直接談判，獲得較有利之地位。

3. 減輕租稅負擔

專屬保險公司之設立，常選擇能減免租稅負擔之地點。如現今世界各國設立之專屬保險公司，許多位於大西洋中英屬地百慕達 (Bermuda)，因當地法令規定，凡繳付於專屬保險公司之保費，可自所得稅中扣減；專屬保險公司所有保險收益可免繳或緩繳所得稅。

4. 加強損失控制

如專屬保險公司之母公司，注重損失預防措施，則可利用其所有專業人才與管理技術，處理母公司及其所屬機構之各種預防工作，使能有效控制損失之發生。

二、缺　點

1. 業務能量有限

多數專屬保險公司雖亦接受外來業務，但仍以母公司之業務為主。危險單位有限，不易發揮大數法則之功能。

2. 危險品質較差

專屬保險公司所承保之業務，多為財產保險以及若干不易由傳統保險市場獲得保障之責任保險。對危險品質不能作有利之選擇，增加業務經營之困難。

3. 組織規模簡陋

專屬保險公司通常因規模較小，組織較為簡陋，不易羅致專業人才，難以創造良好之業績。

4. 財務基礎脆弱

專屬保險公司設立資本較小，財務基礎薄弱。另一方面，雖其可吸收外來業務，但若外來業務品質不齊，來源不穩，反易導致財務上

之困擾。

　　此外，專屬保險公司之另一缺點，即常受當地政府法令限制，必須經由政府核准之商業保險公司代為出單，始可接受外來業務及進入再保險市場。此種代為出單之商業保險公司，稱為前衛公司 (fronting company) 或出單公司 (policy issuing company)。因此就專屬保險公司目前之發展情形而言，僅可輔助而不能取代商業保險市場之功能。

第五章

保險契約

🏠 第一節　保險契約之主體 🏠

保險契約之主體，可分為兩方面：其與保險契約發生直接關係者，為保險契約之當事人；其與保險契約發生間接關係者，為保險契約之關係人。前者包括保險人與要保人，後者包括被保險人及受益人。

第一項　保險契約之當事人

保險契約之成立，即由一方繳納保險費於他方，而由他方於保險事故發生時負給付保險金之責任，雙方互負權利義務，而構成保險之法律關係。

一、保險人

又稱承保人，即為經營保險事業之人。亦即在保險契約成立時，有保險費之請求權，在承保危險事故發生時，依其承保之責任，負有給付保險金義務之人。通常即指經營保險事業之各種組織。

保險人之資格，除公營者外，原不問自然人或法人均可充任。如英國之勞依茲保險商，即個人經營保險事業之例證。惟因保險人之責任綦重，經營之利鈍，非但關係於保險契約當事人之利害，且將影響於整個經濟社會之安定，故各國對於保險組織之型態，每多加以相當限制。《保險法》第 136 條規定保險業之組織，以股份有限公司或合作社為限。此種規定，無非因股份有限公司之組織嚴密與資力雄厚，以

及合作組織利於發揮保險所具之相互性使然。

二、要保人

又稱投保人，指對保險標的具有保險利益，向保險人申請訂立保險契約，並負有交付保險費義務之人。要保人之資格，並無任何限制，僅須對保險標的具有保險利益即可。保險契約與一般契約相同，適用民法之規定，對無行為能力或限制行為能力之未成年人、心神喪失或精神耗弱之人，所訂立之契約，在法律上自屬無效；但經法定代理人或監護人同意者，其所訂契約仍屬有效。

要保人之所以與保險人訂立保險契約，其主要目的，在能於保險事故發生時，享有保險金之請求權。分析其動機，不外有下列三種：

1.為自己利益

即要保人以自己之名義，為自我之計算，而與保險人訂立保險契約。亦即由保險契約所生之權利義務，歸自己享有或負擔。故此時要保人同時即為受益人，至其是否另有被保險人或即為被保險人，則非所問。例如以自己之汽車投保車身保險，或為父母生命投保終身壽險，被保險人雖不相同，而其皆係為自己利益則一。

2.為他人利益

即要保人以自己之名義，為他人之計算，而與保險人訂立保險契約。亦即由保險契約所生之權利，即保險金之請求權，屬於第三者之受益人，而不屬於要保人，要保人僅負有交付保險費之義務而已。

3.兼為自己與他人之利益

即要保人為自己利益並兼為他人利益，而與保險人訂立保險契約。此種情形，依照法律規定，約有兩端：一為保險契約由合夥人或共有人中之一人或數人所訂立，而其利益及於全體合夥人或共有人；一為

在火災保險及責任保險方面，有保險契約視同並為第三人之利益而訂立之規定。

　　要保人之主要義務，為依契約規定交付保險費。其為自己之利益而訂立保險契約者，事屬當然；其為他人之利益而訂立保險契約者，其保險費亦應由要保人交付之。惟所有利害關係人，均得代要保人交付保險費，此無非使被保險人或受益人等利害關係人為保護其本身之利益，一方面不致因要保人之不付保險費，他方面不致因保險人之藉口拒收保險費，而影響保險契約之效力。

第二項　保險契約之關係人

　　保險契約，除雙方當事人外，其與保險契約有間接關係者，為被保險人與受益人。或有視被保險人與受益人同屬當事人之列者，惟依保險契約關係在法學上之觀點加以區別，則有直接與間接之不同。

一、被保險人

　　即指以其財產、生命或身體為保險標的之人，或即保險事故在其財產上或身體上所可能發生之人，亦即指於保險事故發生時，遭受損失，享有補償請求權之人；如為財產保險，其被保險人應為被保險財產之所有人；如為人身保險，因無被保險財產，故僅有被保險人。被保險人與要保人之關係，通常有兩種情形：

1. 要保人即被保險人

　　在要保人為自己所慮之危險事故而訂立保險契約時，要保人同時即為被保險人，兩者合一，其情形習見於財產保險契約方面。再在財產保險中，非但被保險人與要保人同為一人，且被保險人又常即為受益人，此種事例，亦極為普遍。惟其在人身保險中之情形，稍有不同。

因在人身保險方面，要保人如以自己之生命或身體為保險之標的，因
其同時亦即為被保險人，但其是否即為受益人，則因各種保險契約內
容之不同而互異。

2. 要保人與被保險人分而為二

在要保人為他人所慮之危險事故而訂立保險契約時，要保人與被
保險人分而為二，其情形習見於人身保險契約方面。如人壽保險契約，
依照規定，得由本人或第三人訂立之。因之，其係由本人訂立者，則
本人既為要保人又為被保險人；其係由第三人訂立者，則本人僅為被
保險人而非要保人。惟應注意者，其由第三人訂立有關死亡保險之契
約，未經被保險人之書面承認，並約定保險金額，其契約無效。再若
以十五歲以下之未成年人，或心神喪失或精神耗弱之人為被保險人，
所訂立之死亡契約亦屬無效。蓋利用他人之無知或身心不健全，而以
其生命為保險契約之標的，則可能引起謀財害命等情事之發生，流弊
頗大。

🐾 二、受益人

受益人 (beneficiary) 為在保險契約中為被保險人或要保人所約
定，於保險事故發生時，享有保險金請求權之人；亦即為被指定之領
受保險金者，故又稱保險金受領人。在通常情形中，受益人僅見之於
人壽保險方面。因在財產保險方面，僅被保險人享有保險金請求權，
故除被保險人外，並不再有所謂受益人之存在。惟就法理言之，凡具
有領受保險金之資格者，皆可稱之為受益人。因關於保險金之請求權，
在要保人或被保險人以外指定之第三人，固得為之；但有時則為要保
人本人，有時即為被保險人其人，有時或以一人而兼要保人、被保險
人及受益人，三者合一之情形，亦不罕見。故凡要保人為自己之利益

而訂立保險契約者，其受益人即為要保人；如要保人為他人利益而訂立保險契約者，其受益人則為第三人或被保險人。

受益人之決定為保險所生利益行使處分權之表現。被保險人或要保人得自由支配此權利，於訂約時約定或於保險期間指定，其與受益人間是否存在利害關係，在所不問。受益人經約定或指定後，除非要保人對其保險利益聲明放棄處分權，仍得以契約或遺囑處分，亦即得隨時變更受益人。如受益人未約定、未指定，或約定、指定不確定時，法律規定保險契約係為被保險人之利益而投保，事故發生保險人應給付之保險金視為被保險人之遺產，由被保險人之遺產繼承人領受。

🏠 第二節　保險契約之種類 🏠

第一項　依保險價額之估定與否分類

保險價額 (insurable value) 即保險標的所有保險利益之價額，亦即表示保險標的價值之金額。

依保險價額之估定與否分類，保險契約可分為兩種：一為定值保險契約，又稱定價保險契約 (valued policy)，一為不定值保險契約，又稱不定價保險契約 (unvalued policy)。保險價額既為保險標的之價額，自應以財產保險為限。因人身無所謂價額，故在人身保險方面，應無所謂定值或不定值保險契約之分。

定值保險契約者，即當事人雙方事先協定保險標的之價值，如藝術品、書畫、礦物標本等，其價值不易確定，因之由當事人雙方事先約定，以免糾紛。在保險標的全損時，無須再加估計，依照契約所定價額全部予以補償即可。此種保險契約，如保險人對保險標的之估價

缺乏經驗時，每易導致要保人之詐騙行為，故多數保險人，尤其在火險方面，皆拒絕承保。但在海上保險中，一部分契約仍以定值訂立之。不定值保險契約者，即保險標的之價值不先確定，俟危險發生後，再行估計其損失。此種保險契約之標的價值，因被保險人之使用隨時間經過而減少，因此訂約時不先約定價值，而於損失發生時再估計損失。火險方面採用者較多，水險方面反少採用。

定值保險契約與不定值保險契約，兩者之最大區別，即在保險標的全部損失時，苟無超過保險或道德危險等情形，如係定值保險契約，則要保人即能獲得一定之補償，不必再行計算其損失。而不定值保險契約，則須覈實計算其損失。至若一部分之損失，則兩者並無差異，無論其為定值或不定值，皆須按實際損失加以計算。

第二項　依保險金額之給付方法分類

保險金額指保險契約當事人間所約定之最高給付金額；亦即保險人於保險事故發生時，所應負給付之責任金額。

依保險金額之給付方法分類，保險契約有兩種：一為補償保險 (compensation insurance) 契約，又稱評價保險契約，通常以財產保險契約居多。即在危險事故發生時，由保險人評定其實際損失額而支付保險金，如火災保險契約與海上保險契約等大率如此。一為定額保險 (fixed sum insurance) 契約，普通以人身保險契約較多。因人身非財物可比，其價值難以金錢估計，故通常事先由契約當事人雙方協議一定數目之保險金額，至危險事故發生時，由保險人依照保險金額負給付責任，如人壽保險及年金保險等是。

惟在人身保險契約方面，亦有補償保險性質者，如疾病保險、傷

害保險等，即以治療及住院等實際費用之補償為限。

第三項　依保險價額與保險金額之關係分類

保險價額與保險金額之關係，實務上常因保險價額之變動，與保險金額之參差，兩者不相一致。因兩者關係之不同，保險契約有下列數種：

一、全部保險契約

保險契約中預定之保險金額，與保險價額相等者，謂之全部保險(full insurance)。在保險事故發生時，若保險標的全部受損，保險人當然依照保險金額全部償付；如保險標的一部分受損，則保險人按照實際損失給付保險金。

二、一部保險契約

保險契約中預定之保險金額，小於保險價額者，謂之一部保險(under insurance)，又稱不足保險。一部保險之所以發生，不外下列兩種情形：

⑴在保險契約訂立時，要保人僅以保險價額之一部付諸保險，以致保險金額小於保險價額。此種情形，或則由於要保人為節省保險費；或則由於保險契約中規定保險人僅接受一部分投保，其餘由被保險人自己負責，以加強其注意力，在海上保險、火災保險及汽車保險中有之。

⑵在保險契約訂立後，因保險標的價額之上漲，以致原全部保險，變為一部保險。例如100萬元之房屋，投保100萬元之火險，在保險事故發生時，該屋實際價額已由100萬元漲至150萬元，而保險人之補償責任額仍為100萬元，即形成一部保險。

無論在上述何種情形中，保險人對損失之責任，僅以保險金額為限度，其對保險價額之不足部分，保險人不負責任。若保險標的全部受損，保險人即以保險金額全部給付之。如上例 100 萬元之房屋，投保 80 萬元之火險，在房屋全部焚毀時，保險人即負 80 萬元之補償責任。但若一部損失，則保險人之補償責任，通常即依比例分擔之。例如 100 萬元之房屋，投保 80 萬元之火險，在損失 50 萬元時，保險人應付之補償金額，為 40 萬元而非 50 萬元，其計算公式如下：

$$\frac{保險金額}{保險價額} \times 損失金額 = 補償金額$$

三、超過保險契約

超過保險 (over insurance) 契約，與上述一部保險相反，即保險契約中預定之保險金額，超過保險價額者，謂之超過保險。超過保險之所以發生，約有兩種情形：

(1)在保險契約成立時，由於當事人之善意或惡意，以致保險金額超過保險價額。所謂當事人之善意者，如火災保險之要保人對於保險標的之房屋，或因繼承遺產，或因接受餽贈，對其實際價額不甚明瞭，誤以高價投保；而保險人在當時亦因估計錯誤，或一時疏忽，以致形成超過保險之情形。所謂當事人之惡意者，如要保人存心詐欺，妄圖不當利益，故意提高房屋價額，與保險人訂立保險契約後，即欲縱火焚燒，以獲得超額之補償。

(2)在保險契約成立後，因保險標的價額之跌落，以致在保險事故發生時，保險金額超過其保險價額。此種情形，與善意之超過保險相同。

由於超過保險之形成，有善意與惡意之別，因而法律上之規定亦

不一致。超過保險之出於惡意者，當事人得據以為解除契約之理由；如超過保險出於善意所致者，則其超過部分無效，無效部分之保險費，在保險事故未發生以前，要保人得以要求返還。

四、複保險契約

複保險 (multiple insurance) 即要保人以保險利益之全部或一部，分向多數保險人投保同一種類之保險，而所有各契約保險金額之總和，並未超過保險價額者，謂之複保險。複保險所有各契約雙方當事人之權利義務，除與一般保險契約相同外，尚有兩點應注意者如下：

(1)要保人應負通知義務，原為一般保險契約所通有。惟在複保險時，要保人另有法定之通知義務，即包括契約訂立時之告知與契約訂立後之通知，如將與前保險人訂約之事實告知後保險人，以及與後保險人訂約之事實通知前保險人者是。其主要理由，無非為避免要保人之利用分別訂立契約之機會，而使保險金額之總和超過保險價額。

(2)保險人之保險金給付義務，原為保險契約之主要效果。在複保險之保險金額，其總和不超過保險價額時，無異為同時存在之數個一部保險契約，各保險契約皆屬有效。在保險事故發生時，各保險人得就保險金額與保險價額及實際應給付之保險金，負比例分擔之責任。

五、重複保險契約

重複保險 (double insurance) 契約即要保人以同一利益，對同一危險，在同一時期內，與不同之保險人訂立數個保險契約，雖似與複保險相似，但其保險金額之總和，超過保險價額者，謂之重複保險。例如以 100 萬元之家屋，一方面向甲保險公司投保 90 萬元之火險，他方

面復向乙保險公司投保 30 萬元之火險。

　　各國法律對重複保險之效果，規定頗不一致。我國《保險法》採比例分擔辦法，除於第 37 條中規定，惡意之重複保險，其契約無效外，又於第 38 條規定：「善意之複保險，其保險金額之總額，超過保險標的之價值者，除另有約定外，各保險人對於保險標的之全部價值，僅就其所保金額，負比例分擔之責；但賠償總額，不得超過保險標的之價值。」此處所謂善意者，如要保人在無意中估計錯誤，或保險標的價額跌落，以致形成重複保險之情形，自可承認各契約之有效。惟各保險人對保險標的之全部責任，應各按其所保金額比例分擔之。

⌂ 第三節　保險契約之訂立 ⌂

第一項　要保書

　　要保書 (application)，又稱投保書，即要保人以其要保之意思，向保險人提出時所作成之書據。就一般情形而言，要保時皆須填具要保書；但有時火災保險及責任保險，亦得以口頭代替。惟口頭陳述不能據為憑證，故通常仍多以書面為之。要保人雖不能以要保書在法律上有所主張，但其內容對於契約之訂立，則影響甚大。

　　要保書中之主要記載，為各種陳述事項。陳述（declaration，又稱聲明）者，即要保人將投保危險之程度或狀態等有關事項，據實向保險人告知之意。保險人藉以為危險選擇、保費計算及契約訂立之參考。所謂危險程度或狀態有關之事項，範圍頗廣，名目亦多，並隨保險之種類而有異。或則存在於保險標的之本質方面，如人之年齡及健康，建築物之構造及質料等；或則存在於保險標的之環境方面，如人之居

住所及服務地，房屋之四鄰及用途等；或則存在於要保人對於保險標的之利害關係方面，如人壽保險中親母子與繼母子之關係，在危險估計上即不能完全無異。又如火災保險屋主品性之純良或暴戾，對道德危險發生之可能性亦不一致。再具體言之，例如在投保竊盜保險時所應陳述者：有無警鈴之裝置，裝置之是否完好，裝置之構造內容，有無雇用看守人員，看守人數，在過去五年中曾否發生竊盜事件，過去曾否向其他保險人投保，以及有無中途解除契約或經拒絕承保等事項。

第二項　暫保單

　　暫保單 (binder, binding slip)，又稱臨時保險書，即保險契約訂立時，保險人對要保人所為之臨時書據；亦即正式保險單簽發前之臨時保險契約。倘某種保險無標準保險單者，暫保單尤為重要，足以證明保險人在正式保險單簽發前所負之責任範圍。反之，有標準保險單者，法律承認其與正式保險單之內容完全一致，即保險人所負之責任，並不因其係暫保單而有所變動。茲將暫保單之內容及用途，舉其大概如下：

一、暫保單之內容

(1)載明保險金額及保險費率，其保險費率，通常必與正式保險單之費率相同。但在費率不能確定時，則暫保單內可不必訂定費率，俟費率確定簽發正式保險單時，然後追溯暫保單有效之日起，計算保險費。

(2)載明被保險人之姓名、承保危險種類、被保標的等有關事項，為危險估計之基礎。

(3)載明其有效起訖日期。

⑷載明各種特約條款。

二、暫保單之用途

⑴口頭要約與承諾而成立之保險契約,應先由保險人出給暫保單, 以為憑證。

⑵暫保單為正式保險單簽發前,保險契約訂立之證明,可用以應 要保人之急需。

⑶在危險不能確定其是否合乎承保標準前,以暫保單代替正式保 險單,以免正式保險單簽發後再行解除,人力物力均不經濟。

⑷人壽保險無暫保單,在正式保險單簽發前,保險人對於承保之 危險,必須完全接受,保險契約始能有效。但有時人壽保險公 司之代理人,亦可於第一次保險費收到時,掣給具有暫保單效 力之收據。

第三項　保險單

保險單 (policy),簡稱保單,又稱保險證券,為保險契約具體表示 之書據,載明當事人雙方在法律上之權利、義務與責任。

嚴格言之,保險單並非契約,而為經過口頭或書面接洽所締結契 約之正式憑證而已。在通常情形下,假使保險條件議妥,契約立即生 效,即使保險事故發生在正式保險單簽發之前,契約之拘束力並無二 致。故保險單與保險契約兩名稱,應有區別;但現今在實務上,則常 互相通用。

有關保險單內容之記載事項,詳見下節所述。

⌂ 第四節　保險契約之內容 ⌂

保險契約之內容，有法定記載事項及約定記載事項兩種，前者即為保險契約之基本條款，後者即為保險契約之特約條款。

第一項　基本條款

最初，保險契約訂立時，雙方當事人完全憑自由意志，決定契約之內容。其後，由於保險技術之發展，此種自由訂定之保險契約，無論在要保人或保險人雙方，反感不便，阻礙業務推展，因而對於保險單之標準化有一致的要求。保險單標準化者，即指保險單內之條款而言。

為使契約完成便利，以達成業務大量之目的，保險契約之基本條款都由保險人預先擬訂，記載於保險單，要保人對契約只能附和概括同意。我國《保險法》第 55 條列舉保險契約應記載之事項共有八款，此為一般保險契約所必備之基本條件。茲就基本條款之主要內容，分別列舉如後：

♠ 一、當事人之姓名及住所

即指保險人及要保人之姓名及住所。蓋保險契約訂立後，舉凡保險費之交付，保險費交付之催告，以及保險金之給付等，當事人雙方必須有確定之姓名住所，始可稱便。

♠ 二、保險之標的物

即指保險事故發生之客體，如運輸保險之各種貨物，人壽保險之人之生命是。其在契約上必須有明確之記載，始可決定保險之種類，並據以判斷要保人或被保險人對之有無保險利益之存在。

　　無論財產保險或人身保險，每一保險契約，並不限於單一之保險標的，多數保險標的集合而訂立一保險契約，亦屬無妨。單一保險標的之保險契約，稱為單獨保險契約或個別保險契約；多數保險標的之保險契約，稱為集合保險 (collective insurance) 契約。再者，財產保險契約之標的，在契約成立時確定者，固屬多數；但依一定標準，在限定金額範圍內，泛指某種保險利益或某類保險標的者，亦無不可。前者稱為特定保險契約，後者稱為總括保險契約 (blanket policy)。

🖐 三、保險事故之種類

　　保險事故之種類，所以須在保險契約上明白記載者，乃為決定保險種類所必需，且亦關係於保險人所負責任之範圍。如一般房屋之火災保險，以通常所發生之火災為保險事故，若房屋之火災損失係由地震所引起者，則不在普通火災保險範圍之內，保險人不負賠償責任。

🖐 四、保險責任開始之日時及保險期間

　　即指決定保險人對保險事故所負責任之期間。通常保險人責任之開始，除特殊情形外，與保險契約之成立同時開始。因此，保險期間，一般皆與契約成立同時開始。惟在保險契約中，為期法律關係之明確起見，保險期間之起訖，必須加以明確之規定。

　　保險責任之開始，與保險契約之成立，兩者固以一致為多數，但不一致之情形，亦不罕見。或則保險人責任之開始，經當事人約定須溯及於契約成立之前，即所謂追溯保險 (retrospective insurance) 者是；或則遲延至契約成立以後，如牲畜保險之待期（等待期間 (waiting period)）制度是。

🖐 五、保險金額

　　即保險人於保險事故發生時，所應負給付之責任金額。保險金額

之記載，一方面固為保險人所負保險事故責任金額之限度，一方面又為要保人交付保險費計算之標準，對於雙方當事人之給付責任與義務，關係至為密切。

六、保險費

即要保人交付保險人，作為其負擔保險責任對價之金額。保險費分一次交付及分期交付兩種。保險契約規定一次交付，或分期交付之第一期保險費，應於契約生效前交付之；但保險契約簽訂時，保險費未能確定者，不在此限。關於保險費之計算、交付及有關規定，當俟後再為詳述。

七、無效及失權之原因

保險為繼續契約，契約內容有待當事人於契約期間繼續完成。然而情勢可能變動致非原訂約時之情形，影響當事人權益，契約必須允許得以變動，即當事人預先約定，在某種情事發生時，其契約自始即屬無效。此種預先約定之情事，即所謂無效及失權之原因。惟此種原因之約定，雖可由當事人任意為之，但以不違反保險法之強制規定及載明於契約上為有效要件。俾使雙方當事人有所憑據，免滋糾紛。

八、訂約之年月日

即保險契約當事人於契約上簽名之年月日。訂約年月日之記載，與契約之效力關係甚大。例如《保險法》第 51 條規定，保險契約訂立時，保險標的之危險已發生或已消滅者，其契約無效；而訂約時僅要保人知危險已發生者，保險人不受契約之拘束；或訂約時僅保險人知危險已消滅者，要保人不受契約之拘束。以上規定，皆以訂約時之情形，決定契約之是否有效，以及當事人是否受契約之拘束。

上述基本條款之主要內容，雖屬一般性質，實際以適用於財產保

險契約方面為主，在人身保險契約方面，依照我國保險法，其內容尚
有若干補充規定：

一、人壽保險契約

尚須補充記載①被保險人之姓名、性別、年齡及住所。②受益人
之姓名或確定受益人之方法。③請求保險金額之事故及時期。④約定
有減少保險金額之條件者，其條件。

二、健康保險契約

尚須補充記載①被保險人之姓名、性別、年齡、職業及住所。②
被保險人與要保人之關係。

三、傷害保險契約

尚須補充記載①被保險人之姓名、性別、年齡、職業、住所及與
要保人之關係。②受益人之姓名及與被保險人之關係，或確定受益人
之方法。③請求保險金額之事故及時期。

第二項　特約條款

保險契約之內容，除法定應記載之事項外，又有特約條款之訂立。
特約條款者，即保險契約當事人於基本條款外，自由約定履行特種義
務之規定。凡與保險契約有關之一切事項，不問過去、現在或將來，
均得以特約條款訂定之。特約條款有廣狹兩義：狹義之特約條款，僅
指保證條款而言；廣義之特約條款，則除保證條款外，尚應包括附加
條款在內。茲就兩者之意義及性質，分別說明如下：

一、保證條款

保證條款 (warranties) 亦係由保險同業協議規定，其性質與基本條
款及附加條款不同。後兩者係記載保險人承保責任之擴大或限制，具

有積極性；而保證條款則為聲明保險人不負某項責任，或要保人或被保險人對保險人之特定擔保事項，如擔保某種事項之作為或不作為，或某種事項之真實性等，故具有消極性。惟我國通常在保險單中，皆以茲經特約 (warranted) 一語表示之，故一般認為特約條款者，即指保證條款而言。但我國保險法中有關特約條款之規定，則指廣義之特約條款。保證條款有明示保證條款及默示保證條款兩種。明示保證條款指以文字記載於保單者，又分為條件保證條款及絕對保證條款。條件保證條款於被保險人違反時，保險人加收保費後得繼續承保；絕對保證條款則於被保險人違反時，保險人即得解除契約。默示保證條款指保單並無記載，但是依照習慣成法律，被保險人必須遵守者。例如，保險標的必須是合法標的、船舶航行必須具備試航能力。

二、附加條款

為使保險契約內容，適合特殊情形起見，對於保險單內基本條款或保證條款之內容有所修正時，每在正式保險單後添列附加條款，書寫或以紙條加貼於保險單之空白地方，而成為保險契約之一部分，稱為批單（或稱批改背書 (endorsement)，或稱追加條款 (rider)）。附加條款適用時，普通有兩種情形：一為補充契約內容，如火險保單中，用以補充說明被保險財產之詳細情形，使保險人之承保責任，益臻明確。一為變更契約內容，如保險金額之增減，地址之變更，以後獲得財產之加保，危險之增加或減少等皆是。

上述兩種特約條款之效力，附加條款（書寫式或黏貼式）較高於保證條款（圖章式或印定式），基本條款（印定於保險單內）又次之。保險契約任何一方之當事人，違背特約條款時，他方得解除契約；其危險發生後亦同。關係未來事項之特約條款，於未屆履行期前危險已

發生，或其履行為不可能，或在訂約地為不合法而未履行者，保險契
約並不因之而失效。

第六章 保險契約之基本原則

若干基本原則，為保險契約所通有者，如保險利益、最大誠信、損失補償、保險代位與主力近因等。此等基本原則，適用於各種保險，但有時尚有若干修正。

第一節　保險利益

第一項　保險利益之意義

保險利益之存在，為保險契約成立之前提。保險利益者，乃要保人或被保險人對保險標的，因各種利害關係而具有之經濟利益及事故發生被保險人對於他人之損失應負賠償責任時，其與危險事故間存在之關係。或以為保險利益之存在，僅以財產保險為限。實則人身之所以能為保險對象，亦無非由於要保人對其有保險利益之存在。設無保險利益之存在，保險契約將無成立之意義。《保險法》第 17 條規定：「要保人對於保險標的無保險利益者，保險契約失其效力。」

第二項　保險利益之性質

保險利益，主要係指要保人或被保險人對保險標的所具有之既得利益，並非對保險標的因保險事故發生所可獲得保險金額之利益。因而保險利益之性質，可自下列三點說明之。

一、保險利益與保險標的

保險標的,乃指保險之客體,如人身保險之人身,海上保險之貨物皆是,不僅包括各種有形之人與物,且無形之責任與權利亦屬之。保險利益,則為保險契約之客體,即對於特定之人或特定之物所具有之利益。故保險利益與保險標的,性質殊異。

二、保險利益與保險契約

保險契約之成立,係以保險利益之存在為前提,換言之,即保險利益為保險契約成立之依據。但保險標的上所存在之利益,其情形各不相同:或則同一保險標的上有數個不同之保險利益,或則數個保險標的上具有同一性質之利益。因而要保人亦可就同一保險標的,分別訂立數個保險契約,或就不同之數個保險標的,共同訂立一個保險契約。前者如倉庫房屋之同時投保火災保險與租金保險;後者如倉庫中各種貨物之集合火災保險是。

三、積極保險利益與消極保險利益

保險利益,因保險契約所具損失補償機能之不同,通常有下列兩種情形:

1. 積極保險利益

即要保人或被保險人對於保險標的原可享有之利益。此種利益之受損,可由保險而獲得補償。例如以貨物為海上保險,即欲保其貨物在海難發生以前財產上之利益;又如以家屬為死亡保險,即欲保其家屬在死亡前與之共同生活之經濟上利益。設一旦海難發生,或死亡踵至,原有利益即告消滅,經濟生活頓現不安,茲可由保險而保障其固有利益,恢復其安定之經濟生活。

2.消極保險利益

　　即要保人或被保險人對於保險標的原無積極利益，僅在危險事故發生時，須對他人負賠償責任時所可能發生之不利益。此種不利益之負擔，可因保險而得以移轉。例如為他人運送貨物，預防中途遇險而自己須負賠償責任，乃訂立責任保險契約，將其損害賠償責任，移轉由保險人承擔。即運送者因而具有避免賠償之消極利益，即由保險而得免除其可能發生之不利益，使不致影響其安定之經濟生活。

第一目　財產保險之保險利益

一、金錢利益

　　財產保險契約，以補償損失為主要目的；若其損失之不能以金錢利益 (pecuniary interest) 計算者，即有損失亦無法填補，其契約自難認為有效。如帳簿、借據、相片、紀念品等，雖對所有人具有相當利益，但其利益無法以金錢計算，故不得為財產保險契約之標的。反之，如古董名人書畫等，雖價值連城，仍可以金錢估計者，自得為財產保險契約之標的。

二、合法利益

　　合法利益 (legal interest) 即法律認許之利益。蓋不法之利益，如以法律禁止事項所生之利益，或以違反公序良俗所生之利益而為保險，不問當事人之善意或惡意，其契約自應無效。如竊盜以贓物投保火險，貨主以違禁品投保水險，皆為不法利益，自不能成為財產保險契約之客體。

三、確定利益

　　無論保險利益之為現有或預期，皆可為保險契約之標的。但此種利益之存在，不僅以當事人之主觀信任為已足，且須有社會一般觀念

之客觀確認為必要，此為確定利益 (definite interest)。雖在契約成立當時，不必有具體之存在，但其未存在者，至少契約成立當時，在客觀上，有在保險事故發生前或發生時必能具體確定之認識。否則，保險人給付保險金義務之大小或有無將無從確定，即有損失亦無法補償。

第二目　人身保險之保險利益

人身保險之標的為人身，即人之生命或身體。因生命之生存死亡，或身體之傷害疾病等危險事故所致經濟上之損失，得因保險而獲得補償。此種損失補償與生活安定之確保，即因有保險利益之存在。

(1)要保人以自己之生命或身體為保險標的，而訂立保險契約時，由於個人生活安定之確保，自得據此以為保險利益。即另有受益人者，無非由於要保人（或被保險人）之意志，以自己所能享之權益移轉於受益人享受，自應為法律所認許。

(2)要保人以他人之生命或身體為保險標的，而訂立保險契約時，其契約如何生效，各國規定並不一致。大致有下列兩種情形：

a.利益主義：即要保人與被保險人間，必須有利益關係之存在。如英美法規定，以他人之生死訂立保險契約，要保人與被保險人間，必須有金錢上之利益關係者為限。

b.同意主義：即要保人以他人生命或身體訂立保險契約時，不問有無利益關係，須經被保險人之同意為條件。如《德國保險契約法》、《日本商法》等，皆有相同旨趣之規定。

我國《保險法》則兼採兩種主義，亦稱合併主義，即一方面須要保人與被保險人間有利益關係之存在，他方面又須經被保險人之同意，其契約始能有效。至於另有受益人者，亦不外出自要保人對其保險利益行使處分權之結果，將其應得利益歸屬於受益人。惟受益人之確定

於訂約當時者，固可推定其為被保險人所默許；若於訂約以後，始由要保人移轉於受益人者，則應有被保險人之書面承認，以免發生流弊。

上述之所謂利益關係者，雖各國立法成例頗不一致，但主要自以家屬關係與金錢利害關係為原則。如我國《保險法》第 16 條規定：要保人對於下列各人之生命或身體有保險利益：①本人或其家屬，②生活費或教育費所仰給之人，③債務人，④為本人管理財產或利益之人。其中除本人及家屬外，要保人對之所以具有保險利益者，無非彼此間存有金錢利害關係使然。

此外，凡基於有效契約而生之利益，亦得為保險利益，以之訂立保險契約。如基於租賃契約所生之租權利益，可為租權利益保險契約之利益；又如基於雇傭契約所雇用之受雇人，雇主對其亦負有保持其身體免受傷害損失之責任，而為之投保雇主責任保險。

🏠 第二節　最大誠信 🏠

通常契約之訂立，無不出於當事人之誠信；但保險契約之締結，更須有最大之誠信 (utmost good faith)。保險契約之須有此一因素，與保險契約之存在，同具悠久之歷史。蓋在最早之海上保險中，其契約拘束力之所以能遠及海外，全在當事人雙方有超出一般交易契約之最大誠信。英國一九〇六年《海上保險法》第 17 條規定：「海上保險契約，為基於最大誠信之契約。」現今一般保險契約中所有告知義務之觀念，即以此最大誠信為理論之基礎。

告知 (representation) 義務者，即在保險契約訂立時，要保人及被保險人應將有關保險標的之重要事實，告知保險人之意。通常即所謂要保人及被保險人對保險人負有告知之義務。告知義務之具體行為稱

為陳述（又稱聲明），即要保人及被保險人於投保時，對要保書中保險人所提出有關保險標的之危險程度及狀態等詢問事項，應據實說明之意，已見前述。在財產保險方面，要保人與被保險人常同為一人；而在人身保險方面，則要保人與被保險人，皆為告知義務人，而受益人則不負此一告知之義務。惟保險人對要保人及被保險人並不能強制其履行此種義務；即因要保人及被保險人不履行告知義務而受損失時，保險人並無損害賠償之請求權。僅在要保人及被保險人違反此種義務時，保險人有解除契約之權。

第一項　最大誠信之表示

最大誠信之表示，即告知義務之履行。茲將有關告知義務之內容、範圍、時期與方法，分述如次。

一、內　容

告知之內容，主要係指重要事實之告知，即告知與保險標的有關之已往、現在或將來之實際事項。倘告知之內容與實際情形相差太遠，即為不實之告知，保險人自得據以解除契約。如某船由某港開出日期，據要保人及被保險人聲稱，為一月五日至九日之期，但事後證實該船已於一月三日開出，且在聲稱時為要保人及被保險人所已知者，保險人得解除是項保險契約。

至於非事實之告知，縱使要保人及被保險人有所違反，保險人不得主張解除契約，例如：

1.希望或信念之告知

即要保人及被保險人告知其所希望將來可能發生之事項，或其對未來事項之意見或信念。如在告知時並無詐欺之意圖，雖希望不能實

現，意見或信念錯誤，保險人不能據以解除契約。因要保人及被保險人所告知者，既為希望、意見或信念，保險人已經接受，即包含願為嘗試或明知其為不確實之意，自不應將全部不確定之責任，由要保人及被保險人片面負擔。

2. 轉述之告知

即要保人及被保險人由無關之第三者處所得之資料，轉向保險人為告知者是。如其轉述，並無錯誤，雖事後證明不確，亦與要保人及被保險人無關，保險人不得據以解除保險契約。

二、範　圍

保險契約訂立時，要保人及被保險人將投保危險之程度或狀態等有關事項，據實告知保險人；保險人即據以為危險選擇、保費計算及契約訂立之標準。所謂危險程度或狀態有關之事項，範圍頗廣，名目亦多，並隨保險種類而有異。惟告知範圍雖極廣泛，但其與告知義務之範圍，稍有出入，後者係指要保人及被保險人在法律上必須告知之事項而言，且過去與現在有兩種不同之主張，茲分述如下：

1. 無限告知主義

過去因保險技術幼稚，業務經驗缺乏，保險人憑以為危險之測定與保費之計算者，全賴要保人及被保險人之告知。因此要保人及被保險人不問自己確知與否，皆須盡量告知保險人，並須與客觀存在之真實事項相符。

2. 詢問回答主義

現今保險技術進步，業務經驗增加，保險人毋須專賴於要保人及被保險人之告知，亦無使其自負客觀事實告知義務之必要；其課要保人及被保險人以據實告知之義務者，自以對危險測定有關係者為限。

但究屬何者為保險人所欲知，要保人及被保險人每亦茫然無知，故僅就保險人所詢問者據實告知，即為已足。告知義務之出於詢問方式，各國通常皆以書面為之，即由保險人在要保書中添附詢問欄一項，而由要保人及被保險人逐項據實說明即可。

三、時期與方法

告知義務之履行，通常於保險契約訂立時為之，告知義務之有無違反，並非以契約擬訂時為標準，而以契約成立時為標準。因契約成立後，雙方權利義務即已確定，故在訂約後，如要保人及被保險人又收到重要資料時，要保人及被保險人並無必為告知之義務。惟於契約訂立後，其條款復須修正時，其在修正前所得之資料，仍應盡誠實無遺之告知。倘保險人為再保險時，亦同樣對再保險人應盡告知之義務。

告知之方法，各國在法律上並無特別之限制，書面或口頭，明示或默示，均非所問。惟在實務上即以上述之詢問方式，書面明示之。至於告知義務之履行，並不限於義務者本人，若由代理人代理為之，自亦無不可。

第二項　最大誠信之違反

最大誠信之違反，亦即告知義務之違反，通常有兩種情形：一為告知不真實，即為不實之告知 (misrepresentation)；一為應告知而不告知，即為隱瞞（又稱隱匿 (concealment)）。更有進者，如應知而實際不知，因而未為告知者，亦以隱瞞論。例如在訂立保險契約前，要保人及被保險人之營業處所已收到某船遇險之電報，但以辦事疏忽，或組織鬆懈之結果，該電報並未拆閱，致是項消息未能告知者，保險人亦得認其為隱瞞。

　　《保險法》規定，要保人或被保險人故意隱匿或因過失遺漏，或為不實之說明時，其隱匿、遺漏或不實之說明，足以變更或減少保險人對於危險之估計者，保險人得解除契約；其危險發生後亦同。但設有相當限制：一方面如保險人已知有解除之原因後，經過一個月不行使，或契約訂立後經過二年，保險人之此項解除權即告消滅；另一方面如要保人及被保險人能證明危險之發生，未基於其說明或未說明之事實時，則保險人不得據以解除契約。因違反告知義務而解除契約，其解除之期間，當自契約成立後至保險事故發生為止。實際上每於保險事故發生後，始發見有違反之事實，因而解除契約者頗多，故其在危險發生後亦同。

　　保險契約因違反告知義務而解除後，其效果溯及契約成立之時。因之，在保險事故發生後而解除者，保險人自無須為保險金之給付，即使在保險金已給付後，保險人仍有請求返回之權。另一方面，要保人所已繳付之保險費，在保險契約因違反告知義務而解除時，保險人無須返還，此無非對告知義務違反者，加以適當制裁之意。

🏠 第三節　損失補償 🏠

　　財產保險契約，固屬損失補償契約；即人身保險契約，亦無不以此損失補償原則為依據（以約定之金額為限給付之），任何要保人或被保險人不能因危險事故之發生而獲得利益。即使某項財產之保險金額，可能大於保險標的之價值，但在損失發生時，並不能獲得超過其實際損失之補償。雖此一原則原指財產保險而言，但其能適用於人身保險，亦屬當然，前已述及。損失補償原則之如何適用於各種保險，可由下列四點說明之：

❤ 一、保險利益

保險利益之意義與性質，於本章第一節中已詳加論述。保險契約之成立，以保險利益為要件；損失補償以保險利益為依歸。蓋保險利益之存在，乃以既得利益為範圍，在財產損失時，以獲得補償為保險利益之保障；在生命或身體上保險事故發生而喪失其正常收入或增加額外費用，亦應使能獲得補償，以維持其個人或家庭之原有利益。但無論如何，要保人或被保險人並不能因保險而取得金錢上之新利益，甚為明顯。

❤ 二、填補限度

填補限度者，通常即指保險契約內之利益價值，為填補之最大限度。即使有保險金額 100 萬元之火險保單，如某人在被保險財產上所能享有之利益價值僅有 10,000 元，則在保險事故發生時，其所能獲得之補償，亦僅以 10,000 元為限。

❤ 三、定值保單

定值保單之意義，已見上章所述。即對於被保險標的之價值不易決定時，由雙方當事人約定一定保險價額，記載於保險契約中，作為填補之標準，亦即由雙方決定填補之最大限度。雖然保險標的之實際價值，在後可能證明比較協定價額或多或少，但並不能即據以認為與損失補償原則相背離，因在約定保險價額時，雙方自必認為公平合理，彼此同意而後可。在保險標的之價值無法估計，或估計變動過大，採用定值保單，為一特殊估價方法，以確定補償之限度，應屬適當。

❤ 四、重複保險

重複保險之意義，在上章中亦已述及。要保人因疏忽或估計錯誤，可能對同一財產重複投保，如價值 100 萬元之房屋，先向甲公司投保

火險 100 萬元，後又向乙公司投保 100 萬元，如將來同時取得兩公司之補償金額，即可獲利 100 萬元。此一問題，在現代各保險單中已有比例條款 (prorata clause) 之規定而解決，即將實際損失，依照各保險人所承保金額，比例分攤。

五、補償方式

1.現金給付

此為保險人通常採用之方式，保險人以現金賠付被保險人所遭受之損失。但若補償金額無法取得共識，或為避免被保險人不當得利時，得改以復原式重置方式補償，選擇權在保險人。

2.復　原

指藉由保險之作用，使被保險人受損之標的物，回復到損害前相當程度類似之原狀。修理即為復原之方法。

3.重　置

即以同類之財務代替原被損害者。例如，有一被保險汽車遭損，其修理復原之費用大於汽車損害前之市場價值，衡量後，保險人擬以全損處理，賠付汽車之市場價值，但被保險人不同意，此時保險人得以與被保險汽車年份、廠牌及型式相同之汽車賠償之。

第四節　保險代位

保險事故發生後，保險人負有給付保險金之義務。在理論上，保險金之給付，為保險費相對給付所負危險責任之具體化。但在實際上，被保險人於保險事故發生後，一方面固可收受應得之保險金，他方面則其對標的物之所有權以及對第三人之請求權，應移轉於保險人；否則被保險人將因保險而獲得雙重利益，當為損失補償原則所排除。換

言之，保險人於依約履行其給付保險金之義務後，即可取得被保險人
對標的物之所有權，以及對第三人之請求權，此即所謂保險代位
(subrogation)。保險代位，包括物上代位與權利代位兩種。

第一項 物上代位

物上代位即為對保險標的物所有權之移轉。換言之，保險人對於
保險標的物所發生之損失，在給付保險金後，即可取得對保險標的物
之權利，在保險標的物絕對全部損失之情形下，即無殘餘利益可言，
亦無物上代位之情事。但在部分損失或相對之全部損失情形下，若海
上運輸之貨物，遭遇海難，沉沒大半，未損部分，自得為物上代位；
即使貨物全部沉沒，但尚可撈救之殘餘貨物，仍有相當利益存在，保
險人於給付保險金後，當可取得此種撈救物之權利，以免被保險人獲
得重複利益。

一、物上代位之時期

保險人對於保險標的物權利之取得，並非在保險事故發生之時，
而在保險金全部給付之時。例如在海上保險中，船舶沉沒時，保險人
於保險金全部給付之同時，在法律上當然取得該沉沒船舶之所有權。
再如在火災保險中，建築物全部焚毀，保險人於保險金全部給付之同
時，當然取得該建築物鋼筋水泥或磚石等殘餘物之所有權。

二、物上代位之性質

保險人於全部給付保險金後，取得對保險標的物之權利，此種得
以代位之權利，按其性質實際上僅指所有權而已。至於所有權以外之
權利，例如租賃權等，在保險標的物消滅時，保險人並不能取得對殘
餘物之租賃權。

🔈 三、物上代位之範圍

在全部保險時，物上代位之範圍，固及於殘餘標的物之全部所有權；但在一部保險時，保險人所能取得之權利，應依保險金額對保險價額之比例決定之。因在此種情形下，保險人對殘餘標的物之權利，與被保險人處於共有之關係。

第二項　權利代位

權利代位，即對第三人請求權之移轉。換言之，保險人對於因第三人行為所致保險標的之損失，於給付保險金後，在保險金之限度內，取得被保險人對於該第三人之損害賠償請求權。亦即被保險人因保險人應負保險責任之損失發生，而對於第三人有損失賠償請求權者，保險人得於給付保險金額後，代位行使被保險人對於第三人之請求權；但其所請求之數額，以不逾賠償金額為限，其意無非為避免被保險人因而取得雙重利益。

🔈 一、權利代位之發生

權利代位之發生，主要由於第三人之行為，使保險利益遭受損害；被保險人對此第三人所有之損害賠償請求權，因保險金之給付而移轉於保險人。此之第三人不包括被保險人之家屬或受僱人。因被保險人之家屬與被保險人間有共財之關係；而受僱人依被保險人指示執行職務，被保險人有監督之責，渠等之行為如同被保險人所親為，若保險人與之追償，則失保險本意。惟損失係由其故意所致者，不在此限。所謂第三人之行為者，非僅指第三人之不法行為，即其他適法行為亦包括之。例如房屋火災保險，因第三人之縱火行為所發生之損失，保險人於保險金給付之限度內，可取得被保險人對第三人之損害賠償請

求權。再如貨物保險中，貨物之損失，由於船長共同海損處分所致，此種行為自屬適法行為，貨物保險人於其給付保險金之限度內，得就被保險人對其他共同海損債務人所有之分攤請求權，代位行使之。

二、權利代位之行使

權利代位之行使時期，與物上代位同，保險人對被保險人所有損害賠償請求權之取得，亦自其給付保險金時開始。

三、權利代位之範圍

保險人權利代位之範圍，一言蔽之，應以其給付之保險金為限度。在一部保險時，移轉之權利，亦應與給付金額相當，依比例分攤之原則決定之。至如在給付保險金以前，被保險人已接受第三人之一部分賠償，保險人則可因之減少其給付金額。再如被保險人對第三人之權利已為拋棄或處分，保險人在給付保險金時，應將其所能代位求償權利之價額，在保險金給付額中減除之。

保險代位，僅以財產保險為限，在人身保險方面，則不適用。蓋保險代位之行使，無論其為物上代位或權利代位，通常皆與財產之損失有關。人身保險之標的，為人之生命或身體，其受害或受傷，加害人所負之責任，實以刑事為主，民事上之賠償責任，僅為附屬性質而已，此種民事上之附帶賠償請求權，依民法規定，具有專屬權之性質，因而不得代位行使。且人身保險契約，大都為定額保險契約，保險人所負之給付責任，在契約訂立當時即已確定，不能有所增減。保險金之給付，以保險事故之發生為條件；至於保險事故發生之結果或程度如何，與保險人給付之義務無所影響。故人身保險之要保人或受益人，雖具有因保險事故所生對第三人之請求權，保險人並不能於給付保險金後代位行使之。

🏠 第五節　近　因 🏠

第一項　近因之意義

危險事故之發生，與損失結果之形成，應有直接因果關係（近因，或稱主力近因）之存在，始構成保險金給付之要件。近因者，指引致某種結果之主要與有力之原因，其原因與結果間之連鎖關係，並未中斷者。近因原則在保險方面實際適用時，每常發生困難，因損失之發生，不僅由於單一之原因，又或由於共同或連續之原因，且因果關係亦有連續或中斷之不同情形。此外，尚或有保單中規定除外危險之原因，參雜其間，使近因之意義，益加複雜。

因此，對近因原則之說明，可歸納為下列四點：

(1)如所保危險為發生損失之唯一原因，則損失之近因，至為明顯。

(2)如損失之發生，有同時存在之若干原因，各原因中包括有保單承保之危險，亦有不保者，則損失可以分別估計者，保險人對所保危險所引起之損失部分負其責任；損失不能分別估計者，保險人完全不負損失補償之責。

(3)如損失之發生，有連續若干原因，各原因間互為因果時，最初之原因即為近因。如近因是保單所保，保險人即應負責。

(4)如損失之發生，有數個間斷之原因時，則離損失最近之原因即為近因，以此決定保險人之責任。

第二項　近因之適用

近因原則適用於一般保險，並無例外，凡是損失之近因為承保之危

險者,保險人即必須負賠償責任。保險單約定「被保險標的物在本保險契約有效期間,因下列危險事故所致之毀損滅失,保險人對被保險人負賠償之責」。雖無「近因」兩字,但並無礙於近因原則之適用,此乃保單用字通俗化之結果。又,保險人為排除非可保損失以適當規範契約責任,更將近因原則用於除外部分,於保險單上約定絕對不保事項。保險單約定「保險人對於不論直接或間接因下列各種危險事故所致承保之危險事故發生者,對保險標的物因此所生之損失,不負賠償責任」。

關於近因原則之適用,舉例如下,英國有一著名之案例 (Montoya V. London Assurance Corp. 1851):「有一裝載皮革與菸葉之船舶,遭遇海難,大量海水浸入。皮革腐爛,海水雖未直接接觸包裝菸葉之捆包,但由於腐爛皮革之惡臭,使菸葉品質變壞。在此種情形下,海難為導致損失之近因,對於菸葉與對於皮革,並無不同。」此一案例之主要理由,即海難中海水侵入與皮革菸葉損失間之因果關係,並未中斷。

再在火災保險方面,例如因燃燒彈之下落,使財產遭受火災,其近因當為敵對行為。而戰爭為保險單之絕對除外事故,不論直接或間接所致承保之危險事故發生者 (此例為發生火災),保險人對於標的物所生之損失,不負賠償之責。

第七章

核保手續

🏠 第一節　核保之重要性 🏠

核保 (underwriting) 為保險人處理業務之第一步驟，是保險人對於業務危險之認識、評估、被保險人之選擇、費率釐訂以及保險條件之決定等過程。當要保人提出要保之意願時，保險人即應作審慎之考慮，使能對此項要保業務是否接受及如何承保等事項，有所決定。保險業經營之健全，固有賴於大量契約之獲得，但並非對要保人之要保來者不拒，多多益善，而是必須對此等要保之危險種類與危險程度，有相當之認識，作適當之取捨，藉由核保，保險人得以避免危險逆選擇的發生，使所獲業務屬於質良量多。一方面維護清償能力，另一方面確保經營利潤，業務經營得以健全。

保險業之核保組織分為幕僚核保組織及執行核保組織兩種。幕僚核保組織指負責規劃核保政策，設於總部的核保部門；執行核保組織則是在分支單位負責實際執行核保工作之核保人。一般所稱的核保工作指的就是執行核保。

🏠 第二節　核保資料之來源 🏠

為使核保工作有效進行，必須盡量獲得有關保險標的之各種資料，其主要來源有下列各項：

一、要保書之陳述

要保書為核保工作之主要資料，其內容因保險業務種類之不同而各異。一般言之，保險契約承保範圍愈廣泛，或條款規定愈寬大，則要保書所須提供之資料應愈詳細。要保書中所列詢問事項，要保人必須詳實填寫，使核保人員能據以決定是否承保，或尚須繼續蒐集其他資料以為佐證。

二、代理人或經紀人之意見

代理人或經紀人與要保人直接接觸之機會較多，對保險標的所具危險性質之瞭解較易，故核保人員對其所提供之資料或簽註之意見，應予適當之重視。至於核保人員對某一代理人或經紀人所提意見之重視程度，則又須視彼此相處之實際經驗而定。

三、實地調查之報告

在人壽保險方面，主要在於被保險人之健康情形，由保險公司指定醫師對被保險人實施體格檢查，作成體檢報告，為核保資料之重要來源。在財產保險方面，必須派員作實地調查，雖有時此種調查工作並非必然，但其重要性則在日趨增加中。例如工廠規模之龐大，機器之繁複，設備之精密，欲測定保險標的所具之危險性質，非由專業人員實地調查不可。

此外，在美國尚有保險公司本身以外，核保人員另委託徵信調查公司 (inspection company)，調查要保人之個人資料，如財務狀況、職業、特性及嗜好（如是否有酗酒習慣）等。例如調查報告指稱，要保人之財務狀況頗為困難，則在財產保險方面，道德危險發生之可能性較大；在人壽保險方面，要保人購買超過其負擔能力之保單，則中途欠繳保費而使保單失效之可能較多，將使保險公司負擔初年業務費用

之損失。又如美國人壽保險業合作設立之醫療資料處，意外保險業出資成立之產品檢驗所，亦皆為核保資料之來源。

🏠 第三節　承保業務之選擇 🏠

核保時對危險之選擇方法，因業務種類而不一致。通常先由核保部門就各種危險性質，訂定各項核保準則，然後由核保人員將各方蒐集之資料，整理分析，憑以作適當之選擇。茲由財產保險與人身保險兩方面說明如次。

第一項　財產保險業務之選擇

財產保險核保時，核保人員所應考慮之各項因素，與財產保險費率釐定時所應考慮者大致相同。試以火災保險為例，就企業用建築物（包括內部各種物品及設備）而言，主要有下列四項因素：

👣 一、構　造

指建築物之材料而言。火災保險通常將建築物分為鋼骨或鋼筋水泥造、磚或石造及金屬板造等種類。僅就構造因素而論，所有各類建築物，均可接受承保。但當核保某一建築物時，尚須與其他位置及用途等因素同時考慮，其承保與否，構造將為主要決定因素。

👣 二、用　途

指建築物使用之目的而言。核保人員在考慮建築物用途而作決定時，復應注意下列三點：

1. **著火性 (ignitability)**

即標的物容易著火之程度。例如以乾洗工場與原木堆棧比較，前者著火性較高，後者著火性較低。其他如生產或使用化學製品、油漆、

汽油等場所，皆具有極容易著火之危險因素。

2. 易燃性 (combustibility)

即標的物著火後容易燃燒之程度。乾洗工場與原木堆棧，均有高度之易燃性。就原木之本身而言，著火性並不甚高，但一旦著火後，則其易燃性甚大。

3. 受損性 (damageability)

即標的物發生燃燒後容易焚毀之程度。例如建築物內部各種物品，通常其受損性與價值高低及體積大小有密切關係，價值高而體積小者，其受損性每較大於體積大而價值低者。因前者密集程度較大，即使小火災亦可能釀成大損失。此外，標的物之是否容易感受水浸或高熱，皆足以影響損失之大小。

三、環　境

指建築物因周圍環境而被延燒之可能性。鄰近建築物危險之是否良好，足以影響保險標的物之危險大小。例如保險標的物本身為一良好危險，而鄰居為一煙火工廠，其環境因素足以構成被拒保之理由。

四、防　護

指消防設備及消防人員而言。包括私人防護及公共防護，前者如建築物本身設置警報器、防火門、火巷、自動灑水系統，後者如當地之各種消防設施是。

火災保險公司對於上述各項因素之資料，如某一城市內房屋建築物之位置、構造、用途、防護及環境等，應事先注意蒐集並繪製地圖，以備應用。在核保時，查閱原有資料即可知其大概，必要時再派員實地調查，尤須有工程人員參加，使對危險之測定，臻於精確。此外，對於要保人之信用、職業、社會地位及其管理標的物之情形等，亦應

有相當之瞭解。

　　其他財產保險之核保手續，其理念大致與火災保險相同，認識與衡量危險，作為承保之依據。如汽車車體保險，核保人員接獲要保書後，應即查核公司中現存資料，瞭解要保人過去投保之記錄，若有可懷疑之處，應派員實地調查，並設法取得有關要保人個人行為及信用之資料，以決定是否承保。責任保險方面，如營繕承包商責任保險、產品責任保險、電梯責任保險等，應先查明責任性質，以認識危險並估計危險大小。

第二項　人身保險業務之選擇

　　人身保險之核保手續，以人壽保險為較繁複。核保人員在選擇時，首先須根據要保書之內容，作初步決定。要保書之內容，主要包括兩部分：

(1)第一部分為要保人及被保險人提供之資料，包括被保險人之出生年月日、住址、職業、有無購買其他壽險、要保人與被保險人之關係等。如經由代理人投保者，則由代理人協助填寫保險種類、繳費方法、保險金額、其他附加條款或特定給付、紅利分配方法（如係分紅保單）及受益人等。代理人如對被保險人之身分熟悉者，並應將其經濟情形、婚姻狀況等項目，記載於要保書內，以備核保人員之參考。

(2)第二部分為被保險人健康狀況之調查，並包括體格檢查報告在內。首先為有關被保險人健康情形之詢問及答案，如近年有無疾病及醫療經過。其次為若干有關家庭健康情形之調查，如父母、配偶、兄弟、姊妹等之疾病狀況及死亡原因等。最後為醫

生對被保險人之身體檢查報告。

若干保單無需體格檢查，則其保險金額皆有最高額之限制，且其最高額因被保險人年齡大小而不同，年齡愈輕，保額愈高；其最高額復因保單種類而各異，並不一致。例如美國對無體格檢查保單，最高年齡之限制，通常為四十歲或四十五歲；最高保險金額之限制，為10,000美元至15,000美元。雖若干公司亦有提高至25,000美元者，但為數不多。對於無體格檢查之保單，核保人員完全根據要保書內容而決定承保與否，因此核保人員如認為有疑問時，仍可要求被保險人檢查體格。

人壽保險之核保人員，對被保險人投保時所應考慮之因素，主要有下列各項，分述如下：

一、年　齡

人壽保險被保險人之保險年齡，通常皆有限制。其最高年齡，若干公司規定為六十五歲，亦有規定為七十歲，頗少有願意承保七十歲以上者，一則即使接受承保，保險費極高；二則其能通過體格檢查之機會甚小；三則在此等高齡而新加入保險者必屬少數，大數法則適用之可能性甚低。至於最低年齡之限制，常為出生後一天、一星期、一月或一年。（我國各壽險公司多數規定最高年齡限制為六十五歲，最低年齡死亡保險為滿十五歲。）身體過重或過輕與年齡之關係，對承保與否之決定亦有密切關係。在二十五歲以前，身體過重尚無關緊要；但在二十五歲以後，則核保人員應加注意。身體過輕，年齡較小者應較年齡較大者由核保人員多加考慮。

二、職　業

被保險人之職業，如其有較大於一般平均之危險性者，核保人員

應予注意。若干職業在任何情況下皆不能承保者，如高塔或煙囪之裝修匠、機器腳踏車競賽者、深海潛水夫等。

三、健康情形

健康情形為人壽保險之核保人員於核保時所應考慮之最重要因素。如被保險人之健康稍差，低於標準費率所要求者，應即提高費率或採其他承保辦法或予拒保。

四、其他因素

被保險人之住所、經濟狀況、家庭及個人之歷史背景等，皆為核保時應注意之次要因素。

第四節　事先選擇與事後選擇

核保人員對業務之選擇，主要有兩種方法：一為如何選擇新業務，即所謂事先選擇；一為如何淘汰舊業務，即所謂事後選擇。

一、事先選擇

事先選擇 (preselection) 指在保險契約訂立前所作之選擇。任何新業務之發生，核保人員必須就上述各項要點審慎考慮，決定取捨。對於過分不良之危險，應直接予以拒保。例如在人壽保險方面，空中特技演員、足球或曲棍球之職業選手、爆炸物製造工人，皆在拒保之列。竊盜保險常婉拒日間外出工作之單身女子投保。一定年齡以下之男性駕駛員以及曾因駕駛犯罪者，投保汽車保險常遭謝絕。其次，危險之並非過於不良，但又不及一般平均之標準者，則可提高保險費率，以配合加重之承保責任。

核保人員對於不良危險，非僅須增加費率或逕予拒保，且應對要保人或被保險人提供意見，使其能改良危險，藉以減輕負擔或以後仍

有參加保險之機會。例如某建築物投保火災保險，依照規定必須增加費率，因此核保人員可建議要保人裝置滅火器，開設太平門或其他防護設施，一方面可減輕要保人之保費負擔，另一方面增加社會之安全保障。又如某人投保人壽保險，因其體格低於一般平均標準，核保人員可建議其購買某種型式之壽險保單，以適合其實際需要。

二、事後選擇

事後選擇 (postselection) 指在保險契約訂立後所作之選擇。淘汰已成立之保險契約，比較困難。通常即由保險公司等待至保單到期時，通知對方表示不再希望續約，或由代理人或經紀人介紹其他願意接受此種危險之保險公司承保，並應盡量不使對方覺察其為故意拒絕，以避免損及保險公司與顧客間之良好關係。至於保險公司於訂約後發覺有重大不利情形，而不願等待至保單到期時者，則唯有提出適當理由，如違反保證、告知或通知義務等，通知要保人或被保險人解除契約。

第八章

保險費

　　保險費通常包括兩部分：一為純保險費 (pure premium)，係備作保險事故發生時給付保險金之用，根據損失機率（實務上常稱為危險率）計算之；一為附加保險費 (loading)，主要係指各種營業費用、資本利息及預計利潤而言。此外對財產保險之重大危險，人身保險之利益分配，統計及數學上之偏差等，皆須有相當準備，故又有所謂安全費 (safety loading) 之計算，包括於附加保險費內。在純保險費中加入附加保險費，而由保險加入者繳付，稱為總保險費 (gross premium)，即為營業保險費 (office or business premium)，又稱表定保險費 (tariff premium)。

　　保險費與保險費率 (premium rate) 不同，後者為每一保險單位之費用，前者則指某一保險單所應繳之總費，如費率為 0.16%（每一保險單位為 100 元，應收保費 0.16 元），100 萬元保險金額之保險單，其應繳之保險費為 1,600 元。故欲計算某一保險標的之保險費，必須以保險費率為準。

🏠 第一節　保險費率之計算 🏠

第一項　純保險費率

　　純保險費率之計算，即保險價格之確定。保險價格之計算，較其他工商之價格問題，尤為複雜。一般企業在決定貨物價格時，以各項

已知之成本為根據，易於計算；而保險價格（指純保險費率）則大部分基於將來發生損失之可能性，自難捉摸。惟此種困難，亦非全然不能解決，損失之發生，憑過去之統計，依據大數法則，可推及將來。因而由於統計所得某種危險事故發生所致之損失機率，乃純保險費率計算之基礎。

一、危險之測定與分類

在保險技術上，凡具體事實足以引起或增加危險事故發生機會之條件者，稱為危險因素。危險因素之性質，主要可分為實質危險因素 (physical hazard) 與道德危險因素 (moral hazard) 兩種。此外，復有心理危險因素 (morale hazard) 之稱。道德危險因素係指被保險人故意促使保險事故之發生，如縱火、自殺等；心理危險因素則指被保險人因恃有保險之故，而怠忽於對保險標的應有之注意，如被保險人在房屋失火時，及時撲滅，可免成災，但因已經投保火險，乃怠忽於施救，任其燃燒等是。

實質危險因素，存在於被保險人主觀意思之外，可用客觀標準加以測定。而道德危險因素則由被保險人內心自發之因素所致，頗難直接評量，通常不外就間接事實加以推斷而已。大體言之，兩者之區別，在財產保險方面，較易識別，在人身保險方面，其界限極不明確。對於道德危險因素，雖亦可用各種方法加以限制，但實際效果甚微，尤其在純保險費率計算時，極少加以考慮。

所謂危險之大小，即在一定時間單位內，某種損失所有發生及其結果可能性之機率。對於此種機率之估量，即為危險之測定。測定危險，通常解釋為對各個保險標的之危險，加以評量之意。實則如欲對每一保險標的，各別計算其損失機率，將毫無意義，且又不可能。故

危險之測定，通常僅將各個保險標的編入同樣之危險集團；再由集團之損失機率，適用於個別之場合。例如某種特定房屋某年之火災損失機率為千分之一，即其房屋在次年遭受火災損失之機率為千分之一；亦即屬於同樣危險集團之房屋中，每一千間有一間可能將遭受火災。

　　為使作為計算純保險費率基礎之損失機率確實起見，首先須統計調查各種有明顯標識之危險。然後，由各種標識作成若干危險集團，再就各危險集團作成各種損失機率。例如健康之人，其患病率之計算，以年齡、職業及性別三者為標準，假定就二十歲至六十歲，每十歲為一級，分為四個等級，再就職業分為五個等級（假定），性別分為二個等級，全部分為四十個集團，於是就各集團計算其損失機率。

二、純保險費率之結構

　　作為純保險費率計算基礎之損失機率，包括兩部分，損失頻率（loss frequency，又稱危險發生率）與損失額度（loss severity，又稱平均損失率）。因此，純保險費率之結構，人壽保險（定額保險）與財產保險（不定額保險）並不一致：人壽保險僅有生存或死亡之發生機率，只要事故發生，保險即須給付保險金。故其損失機率僅指損失頻率而言；財產保險之損失機率，則除損失頻率外，尚與損失程度大小之損失額度有關。損失頻率與損失額度之計算公式如下：

$$損失頻率 = \frac{理賠次數}{保險單位數}$$

$$損失額度 = \frac{損失總額}{理賠次數}$$

　　由上述公式可知，人壽保險與財產保險之純保險費率，其計算公式亦有差別：

$$人壽保險（定額保險）之純保險費率 = 損失頻率 = \frac{理賠次數}{保險單位數}$$

$$財產保險（不定額保險）之純保險費率 = 損失頻率 \times 損失額度$$

$$= \frac{理賠次數}{保險單位數} \times \frac{損失總額}{理賠次數}$$

$$= \frac{損失總額}{保險單位數}$$

在上列各公式中，所謂理賠次數者，因損失發生不一定構成理賠條件，故在計算損失頻率時，以構成理賠條件之次數為準。所謂損失總額者，包括補償金額與理賠費用。所謂保險單位者，為度量保險成本之單位，與保險標的每一危險單位之意義不盡相同。保險單位因保險業務性質之不同而各異，例如人壽保險以保險期間一年、每一人為一保險單位，汽車保險以保險期間一年、每輛汽車為一保險單位，竊盜保險以保險期間一年、保險金額每千元為一保險單位，火災保險以保險期間一年、保險金額每千元為一保險單位等是。

🌀 三、費率表之編製與適用

基於上述分類統計所算定之保險費率，乃各危險集團之平均費率。故就各個保險標的細密觀察，必然比較平均費率或大或小，因此必須由平均費率，誘導個別費率之計算。

由危險之分類，依照危險大小算出之費率，所編製成之表（通常包括附加保險費率在內），稱為費率表 (tariff)。如在費率表中對於所考慮之危險因素增多，費率表之項目亦隨之增加。因之，對於費率表之項目，必須加以簡化。其方法即就主要之危險標識加以考慮，作成基本費率表，而對於較細小之危險因素，則依照基本費率比例增減，以

算定個別保險費，使能適合實際情形。如火災保險之基本費率由建築物之使用性質、種類及等級別構成，對建築物達一定高度者予以加費；建築物之消防設施符合一定標準者則予減費。

以上所述，由主要危險因素作成基本費率表，然後根據保險標的之危險因素，計算個別費率，乃保險費率計算之一般情形，實際上因保險種類之不同，計算方法亦有出入。

第二項　附加保險費率

純保險費率計算確定後，在總保險費率中，應將附加保險費率加入計算，通常約占總保險費 40% 左右。附加保險費中，包括營業費、安全費、利息與利潤。

附加保險費率中，最主要者為營業費。營業費之計算，因其內容複雜，頗為瑣屑。如代理人及經紀人之佣金或手續費，占收入保險費之一定比率，又如保險單作成費、診查費、印花稅等，每一保險契約，亦有一定數額，較易計算。此外，薪工、旅費、廣告費、郵費、租金、檢查費、損失查定費、有關再保險之費用、財產投資及稅捐等各種經費，則應細密分析而分配決定。故附加保險費之合理計算，應將上列各項費用，詳加核算，確定比率，加入總保險費內。但普通所採用者，為較簡單之計算方法，即在總保險費率內，加入純保險費率之幾成，作為附加保險費率。

至於安全費率，則須依純保險費計算基礎確實性之大小，而決定其多少。利息與利潤之大小，受一般市場利息、企業利潤率、同業競爭與政府監督等情形支配決定。在營利保險方面，較為注重；就相互保險、公營保險及社會保險而論，因採實費主義，不具重要。

🏠 第二節　保險費之種類 🏠

保險費之種類頗多，因繳付及計收方法之不同而有其區別，其重要者如下：

🐾 一、確定保險費與賦課保險費

保險費乃基於損失機率之預測而計算徵收，普通皆採預付方法，保險費收繳後，如有過與不及，不再發還或補繳，此即所謂確定保險費制，一般以營利為目的之保險組織皆採用之。與之相對立者，稱為賦課制，即先確定一計算期間，至期末將所有給付之保險金合併計算，而由加入者分攤之，即所謂保險費後繳方法。故後繳金額，每期並不一定，通常亦有在每期開始先繳一定金額，俟期末結算，多退少補，此僅為非營利為目的之相互保險組織所採用。

🐾 二、分類保險費與均等保險費

保險費之計算，根據分類危險之大小，而設定各類保險費之等級，故稱為分類保險費 (classified premium)。通常營業保險費，如火災保險、人壽保險等，皆將保險費率分類列表訂定，故營業保險費又稱表定保險費。但有若干社會保險之保險費率，國家為便於推行及實施計，每採均等保險費（又稱均一保險費 (flat premium)）辦法，即不問危險程度之大小，負擔同一之保險費額。

🐾 三、自然保險費與平準保險費

自然保險費 (natural premium) 者，即保險費率隨危險之大小而分高低，故一般費率，皆可稱之為自然保險費。但其與平準保險費 (level premium) 並論時，則專指人壽保險而言。故所謂自然保險費者，即費率隨被保險人之年齡遞長而遞增，因死亡率既隨年齡而增加，保險費

率自應逐年增加。但費率每年增加，不特在徵收保險費時手續繁冗，且年老者反較年輕者負擔高額之保險費，事實上亦有困難。因此，乃平均同一保險期間各年之保險費，使每次要保人之負擔相同，此即所謂平準保險費。依此方法，要保人所繳之保險費，最初必然超過實際年齡所應繳之數額；換言之，即對將來危險所應繳保險費之一部分，提前預繳。

第三節　保險費之交付

一、保險費之負擔

　　保險費之交付，為要保人之主要義務，不論其為自己或他人之利益而訂立保險契約，均應由其負交付之義務。至若在要保人無給付能力時，保險人有無對其他利害關係人請求交付保險費之權，各國法律多數皆作肯定之規定，如要保人支付不能或破產時，保險人對被保險人有保險費之請求權。且所有利害關係人，均得代要保人交付保險費。但保險人對於保險費，不得以訴訟請求交付。

二、保險費之增減

　　保險費，由當事人約定之。約定之保險費，非經當事人之合意，不得由一方之自由意志而變更。換言之，保險人既不得任意增加，要保人亦不得任意減少。

1. 保險費之增加

　　在契約訂立後，由於某種危險大小之顯著增加，保險人得終止契約，或提議另訂保險費，如要保人對保險人之提議不同意者，其契約即為終止；如要保人同意其提議，即表示雙方意思之合致，即可因危險之增加而增加保險費。

2. 保險費之減少

保險費之減少，主要亦有下列兩種原因：

(1)保險價額之跌落：在保險期間中，保險標的之價額，如有顯著之減少，要保人對保險人可請求減少保險金額及保險費。因在大多數情形下，保險價額即為保險金額及保險費確定與計算之基準，如契約訂立後，保險價額有顯著之跌落，保險金額及保險費自應比例減少，否則將發生超額保險之情形，其多繳之保險費，毫無裨益。此種減少保險費額之請求權，由要保人提出並經保險人之同意，始能生效，乃屬當然。

(2)增加情形之消滅：危險增加，保險費亦增加，已如上述。但若危險增加之情形，在保險期間內消滅，保險費之增加部分，要保人得向保險人請求減除，以示公平，如空屋投保之有人遷入居住即是。然此種保險費減少之請求，亦必須經保險人之同意，否則要保人只有出於終止契約之一途。

三、保險費之交付手續

保險費之交付手續，可分三方面言之：

1. 交付方法

保險費交付之方法，依在保險期間之前後為標準，有預付與後繳之別，即上述之確定保險費與賦課保險費是，但通常以預付者居多。依保險費給付之次數為標準，有一次付費與分期付費之分。所謂一次付費者，即要保人交付保險費之義務，一次繳付清楚後即行終了。所謂分期付費者，即將保險契約期間，劃分若干保險費期間，每期規定一定之保險費額，由要保人按期繳付。至於劃分期間之長短，可由當事人約定之。

2. 交付時間

保險費之交付時期，依照當事人之約定，由要保人履行之。如無約定，即以保險契約成立當時為交付時間。

3. 交付地點

關於交付保險費之地點，大都規定應於保險人之營業所為之，即在原則上認為係持付債務性質。我國《保險法》對於人壽保險之保險費到期未給付者，其催告後之給付，明白規定係屬持付債務性質，第116 條第 2 項後段有云：「保險費經催告後，應於保險人營業所交付之。」

保險費交付義務之不履行，如係一次付費者，自可依照《民法》對債務不履行一般原則之規定，保險人有解除契約之權。但實際上，皆由條款規定，保險人之承保責任，自保險費收到後開始，即有間接強制履行之意。如係分期付費者，在人壽保險方面，保險費經催告到達後逾三十日仍不支付時，契約之效力即停止或終止。

第九章

再保險

🏠 第一節　再保險之意義 🏠

　　再保險 (reinsurance) 者，為「保險之保險」，即保險人於接受保險業務時，斟酌自身之承保能力，將超額部分，移轉由其他保險人承保，藉以減少自身之責任，而策經營之安全。設如某保險公司資本總額 100 萬元，一次接受保險金額 100 萬元之貨物運輸保險，不幸中途遇險，貨物全部損失，若由該公司全部承保，則損失發生後，其全部資本即將作為補償之用。

　　再設或危險事故不發生，則在上項貨物運輸途中，勢將不能再接受其他保險業務，必須俟該項貨物到達目的地後，始可承保其他業務。

　　再保險業務，應分為兩方面，如甲保險公司將承保金額分為若干份，分別讓與乙、丙、丁三保險公司，在分出保額之甲公司，稱為分保公司 (ceding company)，或稱原保險人 (original insurer)，其業務稱為分保業務；在接受分保之乙、丙、丁三公司，稱為再保公司 (ceded company)，或稱再保險人 (reinsurer)，其業務稱為再保業務。

　　再保險原為保險人相互之交換契約，多施行於國內同業間。其後，復有由原保險公司自行設立子公司，辦理再保險業務。最初獨立經營之再保險公司，當推德國於一八四六年設立之科侖再保險公司 (Kolnische Rückvers-Ges.)。迄今再保險組織已成為危險分散所不可或缺，尤其在財產保險方面，愈形重要。且其業務範圍，亦已由國內同

業擴展至國外同業，互相訂立契約，使危險得以盡量分散，保險經營益加穩健。

　　由於再保險契約訂立之影響，使保險事業漸趨國際化，國內公司與國外公司間，除直接締結再保險契約外，復進而由於資本之參加，使彼此具有依存之關係。此種國際化之傾向，海上保險之發達，固為促成原因之一，而再保險範圍之擴展，尤為主要之因素。國際間之原保險及再保險，國內及國外之原保險人、再保險人及再再保險人，彼此之間，關係非常複雜。英、美、德、瑞士等國之再保險業務，在國際間均占有重要之地位。

🏠 第二節　自留額與限額表 🏠

　　關於再保險之經營，即在分保公司感到同一危險，承保數額過多時，設法向其他保險公司接洽分保。但在分出之前，必先決定本公司之自留額 (retention)。至於自留額之多寡，如何決定，通常依照本公司之財務狀況與營業方針，承保業務之危險性質，以及業務人員之學識經驗等因素為標準。

　　限額表 (table of limits) 者，規定一保險公司自身對每類危險確能接受承保之數字，憑以決定所承保業務之金額。限額表所定之數字，即該保險公司對於其一危險單位萬一發生全損時，預備償付之最高金額。

　　限額表中，除自留限額外，往往包括各合約再保險公司所認占之成分（比例）在內，以表示該保險公司對某種危險所能接受保額之總共限額。此種總限額表通常由若干「線」(line) 組成。所謂線者，即若干倍或若干份之意。如總限額表由二十線組成，即其總共限額為自留額之二十倍，或每線為總共限額之二十分之一。各線由保險公司事先

分別與若干再保公司訂立合約，由該若干再保公司各認占數線、或一線、或二分之一線、或四分之一線等均可。

🏠 第三節　再保險契約 🏠

第一項　再保險契約之型態

第一目　合約再保險

合約再保險 (treaty)，又稱固定分保。即分保公司與再保公司於事先訂立合約，由再保公司對於各種指定危險單位認占一定比例之成分（線）後，分保公司可隨時將業務自動按照約定分給，再保公司必須接受。合約再保險又有各種不同之方式，通常為一般保險公司所採用者，有下列四種：

🐾 一、溢額合約再保險

溢額合約再保險 (surplus reinsurance)，即所有保險業務，其保險金額超過分保公司之自留額時，即依照合約訂定之比例，分給各再保公司。如某保險公司對某一危險之自留額為 50 萬元，假定合約有二十線，則合約分保限額為 1,000 萬元，連同自留額，總共為 1,050 萬元。如保險金額在 50 萬元以內，則毋須分出。在普通情形下，規模較大之保險公司，採用此種型態者居多。

🐾 二、定額合約再保險

定額合約再保險 (quota share reinsurance) 又稱比率合約再保險，即將每一危險承保金額之總共限額，由分保公司依照所訂定之百分比分配之。如某一危險之限額為 1,000 萬元，假定二十線，自留額占二線，即全部限額之 10%，應為 100 萬元，其餘 900 萬元，則按各再保

合約所認百分比分配。以往規模較小之保險公司，採用此種型態較多，再或因某種保險業務，係試辦性質，以視其損失結果如何；又或因節省人力、物力等原因，亦採用之。

三、超額損失合約再保險

超額損失合約再保險 (excess of loss reinsurance) 即每一危險所發生之損失，在一定限度內之補償金額，由原保險公司負責，超過此限度時，由再保公司按照合約訂立之數額比例分擔之。例如兩火險公司訂約規定，分保公司在一次火災中遭受損失超過 1,000 萬元時，再保公司將依照預定比例分擔補償金額，若在 1,000 萬元以上 1,500 萬元以下時，再保公司支付所有損失之一半；在 1,500 萬元以上時，再保公司支付所有損失 90%。其比例之多寡，因合約約定之不同而無一定。

四、轉分合約再保險

轉分合約再保險 (retrocession) 即再保公司將已接受之各種再保險業務，重行轉分一部分給其他保險公司。因再保公司可能因不同分保公司所分給之業務，集中於同一地區或同一危險，使其累積之再保險責任，超過其承保能力，於是不得不再將超額部分，轉分其他保險公司。但此種型態之再保險，通常皆為專營再保險業務之再保險公司採用。

第二目　臨時再保險

臨時再保險 (facultative)，通常稱為臨時分保，有時亦稱任意分保或就地分保，但以臨時再保險一名稱為最常用。每當保險公司在合約再保險限額已滿之時，乃只有用臨時再保險以轉讓超額部分之責任。但有時為保護合約再保險而使更加有利起見，亦可利用臨時再保險。假定在通常情形下，某保險公司溢額合約再保險共有二十線，如該保

險公司之自留額為 100 萬元，合約再保險方面可以分出 2,000 萬元（即二十倍），至保險業務超過 2,100 萬元時，即須應有臨時再保險處理之。例如要保人投保 3,000 萬元，即超過 900 萬元，須用臨時再保險方式，向外接洽分保。

再在合約再保險限額內，如認為此項業務，危險性較大，則自身不一定留足 100 萬元，如僅留 60 萬元，則二十線合約再保險即為 1,200 萬元，此外 1,740 萬元即利用臨時再保險，將其分出。另一方面，臨時再保險可作為同業間業務之交換，促進彼此之互相聯繫。

第三目　預約再保險

預約再保險 (open cover)，其性質介於臨時再保險與合約再保險之間，多數學者咸認係臨時再保險之一種。此種型態之再保險，就分保公司而言，其對於各項業務之分出與否可自由決定，故其具有臨時分保之性質。惟就再保公司而言，分保公司所分給之業務，受契約之拘束，有接受之義務，故其與臨時再保險之性質相異，而與合約再保險相近似，但條件上則與合約再保險有所不同：如預約再保險之佣金較小，並無盈餘佣金，契約期限較短，且在支付再保險費時並不扣除責任準備金等皆是。

預約再保險，用於火險及水險方面者較多。其主要目的，在防止危險之不規則發生，或因某種原因而須與其他業務分離者。例如在火險方面，預約再保險適用於某一地區內之特種危險，此種危險，在一年中某一季節或有特別增加之可能。在水險方面，預約再保險適用於某一特殊危險之航線，或從事某一特殊性質貿易之船舶。由於此種業務之特殊性質，以預約再保險處理，當較合約再保險為便利，並可與合約再保險分離而不致混雜，且有時可作為合約再保險之補充。

各種再保險中，再保險人所承負之賠償責任係依照分保公司與再保公司預先約定，以原保險金額之一定比例分擔者，稱為比例再保險。溢償合約再保險、定額合約再保險、臨時再保險及預約再保險皆屬於比例再保險。其非以原保險金額之一定比例為之者，為非比例再保險，超額損失合約再保險屬之。

第二項 再保險契約之效果

再保險契約在法律上之效果，可自三方面言之：

(1)原保險契約之被保險人，對於再保險人並無給付保險金之請求權。蓋原保險契約與再保險契約，在法律上乃係各別之契約。因之原保險契約保險事故之發生，被保險人與再保險人並無直接關係，當然不能主張直接之請求權。

(2)再保險人不得向原保險契約之要保人，請求交付保險費。由於原保險契約與再保險契約，各自獨立，並無繼承關係，因此再保險人不能因原保險人保險費之不付，而直接向原保險契約之要保人請求交付。反之，原保險人亦不能基於原保險契約要保人不付保險費之理由，而免除再保險費之交付義務。

(3)原保險人不得以再保險人不履行再保險金額給付之義務為理由，拒絕或延遲履行其對於被保險人之義務。因原保險契約之被保險人，對於再保險人並無給付保險金之請求權，保險事故發生後，其請求保險金之對象，當為原保險人。因而原保險人自不能以再保險人不履行給付再保險金之義務，據為抗辯理由，而拒絕或延遲履行其自己之義務。

原保險契約與再保險契約在法律上雖各自獨立，但實際關係卻相

互依存。無再保險之支持，即無原保險經營之可能；無原保險業務之分予，即無再保險之存在。兩者風雨同舟、禍福與共 (follow the fortune)。

🏠 第四節　再保險組織 🏠

第一項　專營之再保險公司

在再保險交易之初期，並無專營之再保險公司。再保險業務之進行，即由兩直接公司雙方訂立契約，並無第三人之參加。當甲公司將業務分出於乙公司時，甲公司應將原被保險人之姓名或名稱，告知乙公司。因而乙公司將熟悉甲公司業務之來源，而與甲公司相競爭。專營再保險公司之成立，即所以避免上述缺點，而為直接公司之中介，使原保公司不再有因競爭而喪失業務之顧慮。由於專營之再保險公司，並無直接業務，故與原被保險人不發生直接關係。專營再保險公司之間，又有轉分再保險，亦即再再保險，其業務之進行，或則採臨時再保險之方式，或則完全依照合約再保險之方式。此種再再保險，每多擴及於國際之間，例如美國一專營之再保險公司，轉分其合約 25% 給予一英國之專營再保險公司，另將 25% 分予一瑞士公司。

專營之再保險公司，毋須有過於龐大之機構與人力即可獲得大量業務，此為再保險人支付原保險人再保佣金之原因所在；而且再保險人為鼓勵原保險人分予良質業務，更有約定從盈餘中支付盈餘佣金之情形，使雙方互利並繼續維持再保險關係。

第二項　再保險集團

再保險集團 (reinsurance pool) 者，即若干保險公司，或則因資力單薄，限額較小，對鉅額保險業務難於應付；或則為避免同業間無謂競爭，以及抵制外商公司操縱等原因，共同組織一聯合機構，互相合作，以增強力量，而共謀發展，所有各保險公司之再保險業務，均歸集團集中統籌辦理。此種集團之組織，大都為股份公司或相互公司間所採用。構成集團之各保險公司，基於集團協定，負有將全部原保險直接送交再保險集團之義務。再保險集團即將送達之業務，按照各參加公司對危險之承擔責任比例分配之。集團中各保險公司接受再保險，並相互間為再保險之交換。換言之，參加集團之各保險公司，對集團所接受之一切危險，在連帶責任下互相承受，並由集團共同計算其保險費、保險金及其他費用，依一定比率分擔之。集團對於各參加公司之比例，負適當分配或調整之責任。

然亦有在再保險集團中，各參加公司間並不負連帶責任。因此某一參加公司喪失其支付保險金之能力時，其他參加公司不負連帶責任，僅由各參加公司就分配之危險限度內負其責任而已。

第十章

保險會計

🏠 第一節　保險會計之特性 🏠

　　保險經營之是否有效，業務發展之是否健全，資金運用之是否適宜，財務結構之是否穩當，負責經營者必須隨時注意，確實明瞭，始可立於不敗之地。保險會計者，即保險組織中為記載各種業務上所發生之交易事項，使能隨時瞭解累積資金之動態，與保險業務之發展過程，以及核算經營之效率，所應用之一種專業會計制度。

　　保險業之經營，與一般企業不同，保險會計之處理方法，因而亦與一般企業會計不同，自有其特性。商業會計，以購貨與銷貨之記錄為中心；工業會計，亦無非有關於購買原料與銷售成品之事項。但保險會計，則並無貨物之購銷，而頗與銀行相似，僅有資金之收付出納。惟保險與銀行之性質又不盡相同，在會計方面，銀行業務如存款、放款、匯兌等，均以現金為其必要條件，而保險則僅有一紙保險單而已。保險人收入保險費，出售其將來可能給付保險金之責任；被保險人支付保險費，購入一種繫於將來危險事故之發生而要求保險金之權利。因此，保險會計具有各種特性，分述如下：

🐞 一、資產項目方面

　　普通企業會計之資產項目中，除現金以外，尚有各項商品、機器、原料，在製品與製成品等項目。但保險公司於收到被保險人之保險費以後，所有資金必須運用於投資方面，故有價證券（主要包括可銷售

之股票與債券)、房地產等投資科目,極關重要,應特別注意處理。再在放款方面,除以有價證券及不動產為抵押或擔保外,尚有以人壽保險單為質押之放款,為其特殊之處,因保險單之性質,與一般有價證券不同,乃屬一種單純之證據證券,其何以具有擔保性質,值得注意。

二、負債項目方面

保險業於收入保險費後,為保障保單持有人之權益,應依規定提存各種準備金,如保險費積存金,未滿期保險費準備金,賠款準備金,盈餘分配準備金及特別準備金等皆是。由於保險業務之繁多,各種準備金提存時,無法逐筆分別計算,多憑過去經驗或預估而來。此種計算方法所得之結果,較所有保單應負之實際責任,難免發生超額或不足,因此保險會計報表中所列負債常有高估或低估情形,較一般企業負債項目之正確性為低。再者,此等提存之準備金,將來並不一定支付,乃係或有負債性質,且其雖為負債項目,實為構成保險財產之主要部分。

三、資本及盈餘項目

保險業初創時,其所需資本,主要在預防危險之變動,乃係擔保性質。其後,由於所提各種準備金之累積,資本之重要性,隨經營年度之增加而逐漸降低。因此,歷史較久之保險業,業務發展與資本大小之關聯較小。保險業之資本項目中,在股份公司方面,為股東已繳之股本;在相互公司方面,則為基金。在盈餘項目中,主要包括兩部分,即輸納盈餘與保留收益。

第二節　資產負債表

第一項　保險資產負債表之特質

保險業之資產負債表，為明瞭保險經營之全般財務狀況所必備。此項報表，與普通企業所編製者比較，具有各項特質，舉述如下：

(1)普通企業經營，其負債通常較為確定，並不發生如資產估價之困擾；但在保險會計方面，則恰好相反。保險業負債項目中各種準備金之確定，為相當困難之問題。如前所述，因其為對將來責任應有債務之估計，完全由於推算之結果，與實際需要頗難一致，常不免有高估或低估之情形。

(2)保險資產負債表中，各項計算多數係按一定期間之經過為準，並非按個別交易計算，如各種準備金之提存即是，對於決算結果影響甚大。

(3)保險經營之業務組織，相當於工業經營之投資價值；保險經營所簽發之保單，猶如工廠所生產之成品。然工業經營投資價值所有之產品，其價值表示於資產負債表中，而保險經營之業務組織，其產品係屬無形性質，所有價值並不表示於資產負債表中。保險業之生產費用，即為保單之招攬費用，通常列於損益計算內。

(4)保險資產負債表中，最主要者應為負債與淨值之配合。由此可以觀察保險業資本結構 (capital structure) 之是否健全，亦即可以瞭解所有資金來源及運用之是否適當。

第二項　保險資產負債表之分析

對於保險資產負債表之分析，應特別著眼於將來之趨勢，所以藉現時情況之啟示，反映未來預期之跡象。因此，其資產負債表不僅表示當期之清償能力，更提供未來長期清償能力之資料。茲將分析時應注意之要點，列舉如下：

(1)保險業之資產負債表中，資產內容較為簡單，主要包括各項投資。觀察資產負債表，當可瞭解其資金運用途徑，同時由投資財產占總資產之比率，並可察知資金運用率之適當性。

(2)保險資產負債表之內容，其重點在於各項貸方記錄，前已述及。由此可知，保險業利用他人資本遠超出自己資本。此種情形，以人壽保險為尤甚。

(3)在負債項目方面，各種準備金提存之是否適當，每因保險業務種類之不同，契約數量之多寡，計算基礎及提存方法之差異，而對保險財務所發生之影響頗有出入。例如責任保險因賠償責任不易確定，給付準備金應提存較多；火災保險若有長期保單者，必須建立較大之未滿期保險費準備金。

(4)採用資產負債表之一般分析方法，評估保險業財務狀況之是否健全，頗難獲得正確之結論。例如甲公司淨值對負債之比率為六比八（或 75%），乙公司之比率為六比十六（或 37.5%），是否因甲公司對保單持有人有較大之安全保障，而認為其財務力量較勝於乙公司？在表面上似乎如此，但其結論尚須分析其他因素始能決定。如乙公司有約 50% 之資產屬於債券科目，而甲公司則僅約 40%，因此乙公司具有此一安全因素，足以抵銷一

部淨值對負債之較低比率。除非能獲得充分資料，實不易對兩公司財務力量之強弱，遽加判斷。由於經營業務種類及地區之不同，承保業務觀念及標準之不同，因而財務問題亦不相同。

(5)責任準備金之提存，常有過多之現象，即提存之準備金大於承保責任之實際所需。此種情形，以財產保險之未滿期保險費準備金尤為顯著。因為在計算時，基於賠款及費用平均分布於保單期間之假定，而實際上若干費用，如經紀佣金及出單費用等，僅在保單訂立初期支付而已。再者，保險費率計算時，通常在保費收支之間，留有一定之餘裕。因此，減除保單初期支付之費用後，嗣後大致僅須保險費 50% 至 65%，即足以應付承保責任之所需。雖然，在解約時，應退回全部未滿期保險費，但此種情形在實際上並不多見，通常所有未滿期責任皆以再保險方式處理，所需再保險費極少有超過未滿期保險費準備金之 50% 至 60% 者。在人壽保險方面，保險費積存金之計算方法較為保守，且預計利率常較實際利率為低。此種過多之責任準備金，並非即為保險費負擔之加重，因其可使保險業有足夠之資產，作為財務上較大之安全保障。但在另一方面，因此易於形成保險業之秘密公積，在分析資產負債表時，應注意及此。

第三節　損益表

第一項　損益計算

保險經營之損益計算，亦與一般企業不同，另有其特質，分述如下：

(1)保險業之營業成績，並非按各別交易計算，而採用全體計算辦

法，此為保險經營依據危險大量原則之必然結果。

(2)保險業之利潤，包括承保利潤及投資利潤。承保利潤由承保業務而發生，投資利潤為資金運用之結果。在通常情形下，不僅投資利潤較大於承保利潤，且亦較為穩定。

(3)保險業之損益計算，其結果常受決算技術與決算政策之影響，頗難求其客觀的正確，不免較實際損益有過大或過小之情形。例如責任準備金提存之過多，營業費用支出之高估，皆足以使利潤降低或形成秘密公積。此等情形，在損益表中不易發現。

　（註：為確保清償能力，保險業每年必須依法按照業務金額提存各種準備金，於損益表中列作當年營業支出項目，而將前一年所提存者加以收回，列為當年營業收入項目。保險業得因政策之需提存多於法定準備金，以增加當年之支出，而達降低利潤之目的。）

(4)財產保險之利潤較低，且不穩定，其原因頗多，主要者如下：①財產保險保險事故之發生頗不規則，預期損失與實際經驗每多出入。②財產保險資金運用所需之流動性較大，大部分投資於證券市場，因此其資產價值之增減，受證券市場變動之影響。③由於未滿期保險費準備金之提存常有過多現象，以致盈餘低估利潤減少。④財產保險之保費屬於消耗之性質，調高不易，即使可能，費率增加常落後於承保成本之增加。

(5)人壽保險利潤之發生與分配，較為特殊。其利潤之主要來源，由於保險計算技術上之原因，被保險人所繳之保險費，常超過實際之需要。因此而獲得之利潤，自不應如一般企業之完全分配於股東，其中大部分應返還被保險人。此種辦法，原先為保

險相互組織所採用，現今股份公司亦多仿行。故人壽保險盈餘分配之意義，與一般企業未盡相同。

⑹保險業之純益數字，嚴格言之，並非代表真正利潤，亦非經營效率之正確尺度。因保險收入與成本、費用之計算，偏重估計之基礎。即具有同等效率之兩壽險公司，其保險費率之訂定，可能由於根據不同之損失機率，利率及營業費用之假定而互異。故其所謂純益者，僅表示溢收邊際之大小，使其能在以後年度承保利益或投資收入等逆勢發生時，有所緩衝，不致危及清償能力。

第二項　損益分析

保險業之損益計算，因其既無購貨，又無銷貨，其主要收入，即為保險費。收入之保險費，除其中附加之營業費抵付一切開支外，如保險事故不發生，必有盈利；若保險事故發生，保險費內純保險費之計算，原係根據損失機率決定，亦無虧損之理由。故保險之經營，具有極大之安全性。此外，保險業尚有其他特殊之利源，在保險會計處理時應加注意，其主要者有下列四種，茲分別說明之：

一、危險差額之收益

即實際損失較預期損失為少時所發生之收益。例如人壽保險公司所根據之死亡率，皆係過去之死亡統計，用以計算現行之保險費率，多少則帶有保守性在內。即實際死亡率因科學發達、醫藥進步等原因，自必較預計死亡率為低，因而保險費之收入，遠超過實際所需給付之保險金。此種危險差益，為保險業盈利之主要來源，在會計處理上，可就本年度內所收之純保險費總額與實際支出之給付金總額比較觀察之。

二、附加差額之收益

即收入保險費中,所有附加之費用大於實際支出之費用。通常附加保險費率,即就純保險費率加成計算,亦超過實際所需甚多。此外,如實際損失之發生,與預期損失機率並無重大出入,則安全費之附加,亦可轉作收益之一部分。此類附加差益之計算,將本年度內所收總保險費中之附加保險費,減去實際營業費用之支出,即可比較得之。

三、利息差額之收益

即保險資金運用所得之利益,與預定利率之差額。保險公司向保單持有人所收之保險費中,有一部分係提前繳納者,而由公司以責任準備金名義提存保管。所生利息應返還被保險人。保險公司對責任準備金之利率,為審慎起見,規定頗低,但在實際上此種責任準備金之收存,日以積萬,為數至鉅,時期亦長,一任保險公司之充分投資運用,所獲利益,較之預定利率,相差甚大。此種利息差益,為保險公司另一主要盈利來源。會計處理時,可就預定利率與資金運用收益率,分析比較之。

四、解除契約之收益

人壽保險契約訂立後,如中途因故解除契約,或契約因一定事故之發生而失效時,保險公司對保單持有人有支付解約金(又稱退保金(surrender value))之義務。惟此項解約金之支付,並不以全部保險費為準,仍須將一切保險費用扣除後,始得發還之。如《保險法》第119條第1項規定:「要保人終止保險契約,而保險費已付足一年以上者,保險人應於接到通知後一個月內償付解約金,其金額不得少於要保人應得保單價值準備金之四分之三」,其餘即為保險公司之利益收入,積少成多,為數亦相當可觀。此種解約利益,憑會計記錄,不難明瞭。

保險經營之業績，並不能僅由決算所顯示之綜合成果加以判斷，必須作進一步之分析，始能明瞭損益之由何種來源發生，以及各種來源所生利益之有何關聯。此種由不同利源所作之利益分析，在人壽保險方面，藉數學與統計之助，較易著手；但在財產保險方面，因其缺乏精密之保險費計算基礎，則較為困難。因此，財產保險可由其他途徑分析其損益，如分別營業收益與投資收益；在營業收益中，又可分別原保險業務及再保險業務，由不同之分析方法，亦可獲致同樣之分析效果。

🏠 第四節　比較計算 🏠

保險會計報表所顯示之財務狀況及營業成績，必須加以比較計算，始可獲得進一步之瞭解。由橫面比較，就連續若干年度之會計報表，觀察其各主要項目之消長。由縱面比較，著重於某年度會計報表中各相關項目間之分析，藉以推斷全盤業務之得失。

一、期間比較

此乃就保險業之財務狀況及營業成績，將歷年所有資料，予以比較觀察，使能明瞭營業之動向，作為將來經營處理之指針。期間比較所採用之資料，通常有下列數種：

1. **會計報表**

主要之會計報表，即為資產負債表及損益表，表示保險業之財務狀況及營業成績。但此兩表乃屬總括性質，故必須另有各種明細表以為補助。

2. **比較表**

基於上述之會計報表，編製比較表，即就過去數年之會計報表，

將以往數年間所有同期之記錄，加以分析比較，當可瞭解業務之趨勢，作為經營管理之依據。

3.比率表

會計報表之分析，不能僅基於其絕對數值，尚須算出各項比率互相比較。例如損失率、費用率、承保收益率、資產運用率、投資收益率、純益率等皆是。在計算各項比率時，各該計數之對比，必須具有相當意義，亦即確能由此而達到分析之目的。例如計算收益率時，通常以已繳股本作為基礎，但實際應以收入保險費計算其對比，較為合理。

保險經營之期間比較，較諸一般企業易於進行。在保險方面，除特殊情形外，如某種主要因素有正常或特殊之增減趨勢，就過去與現在之計數予以比較，即可察知。

二、經營比較

保險業之各項計算，如有一致之規定，並對各種會計報表之格式，如資產負債表及損益表等，由法令予以統一，自必有利於保險營業成果及財務結構之比較分析。換言之，為便於經營比較之進行，保險計算制度之統一化，極為重要。

保險計算制度之統一化，不但指會計制度之統一，並包括保險費、準備金等計算方法之一致。由此，非僅可促進會計制度之改善，並有助於經營計數之比較，進而可能發現其經營組織之得失。再者，就保險經營而言，除上述之一般性利益外，計算制度之統一，尚便利於共同統計之作成，損失調查之進行；而經營計數統計之進一步分析比較，更足以導致保險費計算之合理與改善。

保險之經營比較，乃由各項比率判斷保險經營之是否健全與有效。

但經營比較之前提及範圍，必須慎加考慮與選擇，使能發揮比較計算之效能。惟經營比較之進行，必先有相同之經營結構；而保險業之契約內容與計算基礎常不一致，欲蒐集相同經營結構之各項資料，亦非易事。

三、效率比較

即預定與實際之比較，以測定經營效率之大小。根據上述各項統計及比率，可為作成將來預定表之基礎。如基於收入保險費之增減趨勢，編製收入預算；基於營業費用之趨勢及其與收益之比率，訂定營業費預算。然後據以決定經營之動向，實施經營之控制。

保險原為立足於計數之事業，故由財務管理方面對經營加以某種程度之控制，乃屬必要。且其不僅限於預算方面，更應基於有關經營之各項統計，推及對整個事業經營之全面控制。

保險會計報表之比較分析，不應以自己公司為範圍，並宜與其他公司相互比較，藉以發現本身之缺點，並取他人之長，補自己之短，進而釐訂妥善之業務方針及經營計畫。

第十一章

保險資金之運用

第一節　保險資金之來源

　　保險之經營，除保險技術外，尚須有銀行之經營技術，因無論何種保險組織，往往皆擁有鉅大資金，必須予以運用。其主要來源，即為籌集之資本（或基金）與提存之準備金，兩者構成所謂保險財產。

第一項　資本或基金

　　保險業於初創之時，設備資本與週轉資本，雖亦必要，但遠較其他事業所需者為少。保險業之經營，主要在預防危險之變動，故需要較多之擔保資本（或稱準備資本）。擔保資本之需要程度，視各種保險性質不同而異，一般言之，財產保險較人身保險為多。但無論如何，其必需相當之資本或基金，固不待言。保險業初創時所籌集之擔保資本、設備資本及週轉資本，其在營利保險組織，總稱資本；其在非營利組織，則稱基金。

　　保險業應有資本或基金之多少，各國規定並不一致。如日本《保險業法》及我國舊《保險業法》，均採硬性規定。然硬性規定不足以適應經濟環境之變動，而配合各種保險業之需要。故我國現行《保險法》第 139 條規定：「各種保險業資本或基金之最低額，由主管機關審酌各地經濟實況，及各種保險業務之需要，分別呈請行政院核定之。」

第二項　各種準備金

　　保險業之經營，除與其他企業負擔共同之風險外，尚有其特殊之危險。前者如營業不振、物價高漲、工資增加、利率變動、資產價值減少、投資損失、經手人員舞弊等；後者則如危險事故之不規則發生，而形成收支不平衡現象。保險經營，除須注意運用危險之選擇與分散方法外，如仍不能避免危險之發生，則惟有賴於準備金之提存。

　　關於保險業所提存之各種準備金，主要有下列六種：

一、責任準備金

　　責任準備金 (premium reserve, liability reserve) 又稱保險費積存金，僅指在人壽保險方面所提存者，即在要保人一次繳費中，除附加保險費外，大部分為純保險費，自應積存以備將來給付保險金之用；如為分期繳費者，則因採用平準保險費制，其預收將來應為增加之保險費，更應積存以為日後給付之用。

二、未滿期保費準備金

　　未滿期保險費者，為人身保險（一年期以內之保單）與財產保險所通有，例如要保人於九月一日繳付一年保險費，則其中有四個月屬於本年度，八個月屬於下年度，若在本年年底，其屬於下年度八個月之保險費，尚未經過，自應另外撥存，即為未滿期保費準備金 (unearned premium reserve) 之來源。

三、賠款準備金

　　賠款準備金 (claim reserve) 又稱給付準備金，即對於尚未決定之給付金額所提之準備金，如在業務年度終了時，依據保險契約規定應予給付之保險金，或因保險事故尚未查定，或因給付金額尚未決定，

或因在訴訟中尚未解決，自應提存準備金，以備需用。其計算方法，或則就個別契約分析估計，或則就過去經驗平均計算之。

四、盈餘分配準備金

盈餘分配準備金 (dividend reserve) 又稱紅利分配準備金，人壽保險之保險費，純保險費按死亡率計算，總保險費比例徵收，本無額外盈餘可言。但計算時往往較為保守，事實上則每有危險差益，附加差益，利息差益及解約利益等之發生，若干保險契約因而規定於給付金額外，要保人或被保險人尚享受盈餘分配之權，故保險人除提存給付準備金外，並須有盈餘分配準備金之提存。此種可參加盈餘分配之保險單，實務上稱為分紅保單。

五、特別準備金

保險人收取保險費之主要依據是預期損失（死亡）率。預期損失率係根據過去之統計數字，以推測未來發展之趨勢。實際所發生之情形與預期自不能完全符合。因此，經營保險應慮及實際損失率高於預期損失率時，彌補差額之準備；將實際損失率低於預期損失率時多餘之部分予以提存，作為支應日後不足之需。所提存者即為特別準備金 (special reserve)。

六、巨災準備金

巨災準備金 (contingency reserve) 乃對危險有特別重大變動所受損失而提存之準備金。此種準備金，對於財產保險比較人身保險尤為重要，如大火準備金之提存，通常按照經驗推算之。

上述一至五種準備金為政府立法規定必要者，稱為法定準備金 (legal reserve)，第六種為保險業自由提存，稱為自由準備金 (free reserve)。

第二節　保險資金運用之原則

保險資金中，除資本或基金外，各種準備金雖在資產負債表中列入負債項目，但實質上即為可以適當運用之資金，其中尤以責任準備金在規模較大、歷史悠久之保險公司中，總數常占保險資金總額之絕大比率，其運用之是否適當，對於將來保險金之支付，具有重大影響。雖保險資金之運用，並非保險之本身業務，但其對保險經營之成敗，則具有決定性之作用。

保險資金之運用，主要即從事各種投資業務。在投資業務中，必須注意下列三原則：

一、安全原則

資金運用之安全原則，為投資實務之第一要義，應盡量增加投資之種類，使危險普遍分散，盈虧互相彌補，損失可不致集中，獲利能彼此增益。並須將所有財產，充分加以運用，以發揮其最大之效用。

二、流動原則

資金運用之流動原則，即須視各種保險業務之性質，決定其運用方法。如在人壽保險方面，一時支付大量保險金之機會較少，其資金之流動性較小，故可用作長期投資，以獲得較多之利益。如在海上保險與火災保險方面，性質相反，其資金應偏重於短期之運用，庶可隨時應付大量保險金之支付，不致臨時週轉困難。

三、收益原則

資金運用之收益原則，即資金之運用，應以能獲得較多之收益為要件。因資金運用之最後目的，無非在於獲得收益；故在投資時，自須選擇最有利之途徑，以期最大之收益。惟同時尚須考慮其安全與流

動兩原則，務使三者互相配合，靈活運用。

　　以上所舉資金運用之三原則，欲使每一投資業務，皆能兼具並蓄，固非易事，但保險經營者，自應注意選擇，努力達成。同時，須顧及保險經營之種類，保險組織之財務狀況，社會經濟之動向，尤其對於市場利息之升降、物價之變動、有價證券之市況等，皆應特別注意。

　　再者，除依照上述三原則選擇投資對象外，對於債券投資與抵押放款之到期日，並須有適當之分配，使資金流動能平均於各時期，一方仍可運用於再投資或其他用途，他方並可減少因臨時需要與匆促變現而發生之損失。

🏠 第三節　保險資金運用之限制 🏠

　　保險資金運用之重要性，已見上述。各國政府對於保險資金運用之範圍，常由法令規定加以限制，使大量資金能導入適當之運用途徑，非但足以保障保險加入者之權益，而且亦為整個社會經濟安定與繁榮之所必需。

　　惟保險資金運用之途徑，與其他金融機構不盡相同，其投資對象，以有價證券、放款及不動產三者為最主要：

🐾 一、有價證券

　　有價證券，主要包括債券與股票兩種。依投資之安全原則而言，中央政府公債居首，地方政府公債及公司債券次之，股票較差。但就投資之收益原則而言，恰正相反，為求收益優厚及運用靈活計，應以選擇購買公司債及股票為宜。但為避免價格漲跌風險及產業壟斷起見，各國法律對公司債及股票之投資，皆設有嚴格之限制。

二、放 款

放款有一定到期日之限制，缺乏流動性，財產保險業較少採用，但人壽保險業之放款，每占資金運用之比例頗大。人壽保險業為期達成安全原則起見，其放款須以有擔保為條件，且其擔保範圍亦有一定限制。此外，保單質押放款亦為人壽保險業所特有，信用可靠，又能使保單持有人獲得資金之融通，對壽險業務發展亦有助益。

三、不動產

投資不動產與投資股票之目的相同，皆可防止通貨膨脹之影響，使公司資產得以保值。但不動產投資之範圍，應以營業用房屋為主。近年在人壽保險方面，若干國家趨向於投資收益優厚之租賃性不動產，如國民住宅、普通公寓及工商業租賃建築物等皆是。

我國《保險法》第 146 條，對保險業資金之運用，規定頗為詳盡。所謂保險業資金者，包括業主權益及各種責任準備金。其主要運用項目如下：

1. **存 款**

存放於每一金融機構之金額，不得超過該保險業資金 10%。

2. **購買有價證券**

保險業資金得購買之有價證券，包括下列各類：《保險法》第 146 條之 1）

(1)公債、國庫券。

(2)金融債券、可轉讓定期存單、銀行承兌匯票、金融機構保證商業本票；其總額不得超過該保險業資金 35%。

(3)經依法核准公開發行之公司股票；其購買每一公司之股票總額不得超過該保險業資金 5% 及該發行股票公司實收資本額 10%。

⑷經依法核准公開發行之有擔保公司債，或經評等機構評定為相當等級以上之公司所發行之公司債；其購買每一公司之公司債總額，不得超過該保險業資金 5% 及該發行公司債之公司實收資本額 10%。

⑸經依法核准公開發行之證券投資信託基金及共同信託基金受益憑證；其投資總額不得超過該保險業資金 10% 及每一基金已發行之受益憑證總額 10%。

⑹證券化商品及其他經主管機關核准保險業購買之有價證券；其總額不得超過該保險業資金 10%。

以上⑶及⑷之投資總額，合計不得超過該保險業資金 35%。

3.不動產投資

保險業投資之不動產，以即時利用並有收益者為限。其投資總額，除自用不動產外，不得超過其資金 30%。但購買自用不動產總額不得超過其業主權益之總額。(《保險法》第 146 條之 2)

4.放　款

保險業辦理放款，以下列各款為限：

⑴銀行或主管機關認可之信用保證機構提供保證之放款。

⑵以動產或不動產為擔保之放款。

⑶以合於第 146 條之 1 之有價證券為質之放款。

⑷人壽保險業以各該保險業所簽發之人壽保險單為質之放款。

以上第 1 款至第 3 款之放款，每一單位放款金額不得超過資金 5%；其放款總額，不得超過資金 35%。

再者，保險業依法對每一公司股票及公司債之投資，與其以該公司發行之股票及公司債為質之放款，兩者合併計算，不得超過該保險

業資金 10%，以及該發行股票及公司債之公司資本額 10%。(《保險法》第 146 條之 3)

5. 國外投資

保險業國外投資總額，由主管機關視各保險業之經營情況核定之，最高不得超過各該保險業資金 45%。投資項目以下列為限：

⑴外匯存款。

⑵國外有價證券。

⑶設立或投資國外保險公司、保險代理人公司、保險經紀人公司或其他經主管機關核准之保險相關事業。

⑷其他經主管機關核准之國外投資。(《保險法》第 146 條之 4)

6. 專案運用、公共及社會福利事業投資

保險業之資金經主管機關核准，得辦理專案運用、公共及社會福利事業投資。(《保險法》第 146 條之 5)

7. 投資保險相關事業

保險業業主權益，超過主管機關所規定最低資本額者，得經主管機關核准，投資保險相關事業所發行之股票，其投資總額，最高不得超過該保險業業主權益。又投資之保險業與被投資公司具有控制與從屬關係者，其投資總額，最高不得超過該保險業業主權益 40%。(《保險法》第 146 條之 6)

8. 從事衍生性商品交易

其交易之條件、交易範圍、交易限額、處理程序及應遵行事項之辦法，由主管機關定之。(《保險法》第 146 條第 8 項)

第十二章

保險金之給付

　　保險人於保險事故發生後，在一定條件下，對被保險人負給付保險金之義務。保險人所負保險之責任範圍，在原則上僅限於保險金之給付，不負補償金額以外之義務。所謂保險人負給付保險金之義務者，亦即對要保人或被保險人（或受益人）提出給付保險金之請求時，保險人應有受理之責任。此種義務或責任之履行，通常在實務上稱為賠款之處理，簡稱理賠 (claims adjustment)。

　　理賠之是否適當，對保險經營亦具有重大影響。保險人對於被保險人提出保險金之要求時，一方面須有迅速之處理，使被保險人及時獲得給付，以維持經濟生活之安定。另一方面須有公正之處理，如給付之保險金，過於苛薄，將使業務推展遭受影響；過於寬厚，將使保費收入不勝負荷。兩者過與不及，皆非所宜。

🏠 第一節　保險金給付之責任範圍 🏠

　　保險人在約定或法定之保險期間內，保險事故發生，負給付保險金之義務。其義務範圍如何，由當事人於訂約時約定之。但法律上為維護要保人之利益計，除於約定之外，復有各項強制之規定。

🐾 一、不可預料或不可抗力所致之損失

　　保險人對於由不可預料或不可抗力之事故所致之損失，負補償責任。蓋保險成立之要件，即以特定危險事故之發生為前提；所謂不可預料或不可抗力者，即指特定事故所具之偶然性。其所致之損失，如

船舶之擱淺或碰撞，人身之疾病或傷害，以及倉庫所保管之貨物因火災損失倉庫業者應負之責任，船舶所運送之貨物因海難損失海運業者應負之責任，保險人皆有給付保險金之義務。

二、要保人或被保險人或其代理人之過失所致之損失

保險人對於由要保人或被保險人或其代理人之過失所致之損失，負補償責任。保險事故之發生，原以他動為原則；其由於要保人或被保險人或其代理人之自己行為所引起者，保險人不負責任。惟其因要保人或被保險人或其代理人之過失所致者，如人壽保險中，被保險人飲食不慎，以致喪生；火災保險中，要保人爐火未熄，延燒成災，皆屬通常不注意之結果，仍無損於保險事故須具有偶然性之要件，若謂保險人不負補償責任，有失保險之本旨，故因過失之所致損失，保險人仍應負給付保險金之義務。

三、要保人或被保險人因履行道德上之義務所致之損失

保險人對於因履行道德上之義務所致之損失，應負補償責任。保險事故之由於要保人或被保險人自己行為所引起者，除上述過失所致之情形外，保險人固不能負其責任；但為履行道德上之義務所致者，雖其行為近於故意性質，法律上仍然規定保險人應有給付保險金之義務。蓋法律所以濟道德之窮，今為履行道德上之義務，其所致之損失，如法律不予保障，其於公序良俗及道義原則之維持，影響至大。

四、要保人或被保險人之受雇人，或其所有之物或動物所致之損失

保險人對於因要保人或被保險人之受雇人，或其所有之物或動物所致之損失，應負補償責任。所謂受雇人或其所有之物或動物，皆屬要保人或被保險人以外之第三者，其所致之損失，除因要保人或被保

險人故意指使者外，保險人應負其責任，例如汽車損失保險，受雇之司機，因駕駛不慎，撞毀車體，保險人自應負責補償。再如房屋火災保險，家用電燈走火，焚及房舍，保險人亦當負損失補償之責任。又如傷害保險，被保險人雖為自己所畜養之家犬咬傷，保險人仍不能免其給付責任。

🏠 第二節　保險金給付之免責事由 🏠

保險人對契約內所訂定之保險事故，其發生在上述範圍以內者，應負給付保險金之義務。惟法律或契約亦規定有例外之情形，保險人可不負責任；但保險人應於保單上明訂除外不保，以避免爭議。

💫 一、非常危險所致之損失

保險人對於非常危險所致之損失，在原則上不負責任。所謂非常危險者，如戰爭、地震、火山爆發、洪水、暴動等是。非常危險之發生，極不規則，且其造成之損失程度，亦頗難預測，故普通保險單之條款，對於戰爭或其他類似之非常危險，皆有除外之規定。我國保險法第 32 條規定：保險人對於因戰爭所致之損失，除契約有相反之訂定外，應負補償責任。在實際業務方面，保險契約中均有除外之規定。

惟對於非常危險之除外，亦並非絕對者。保險人如有特殊之組織與技術，仍不無經營之餘地，如地震保險、戰爭保險、暴動保險、風暴保險等。

💫 二、道德危險所致之損失

道德危險因素，即由被保險人之主動意志，促使事件之發生；且其對於發生之結果，被保險人心理狀態任意左右之可能性甚大。因而此種危險之預測頗為不易，使保險人在經營技術上極感困難。

　　合理之保險，必須避免道德危險之發生。保險法規及保單條款，皆設有限制之規定，即對被保險人故意所致之損失，保險人不負補償責任。我國《保險法》第 29 條第 2 項但書，亦有同樣之規定。道德危險在保險關係前後，皆有存在之可能，保險人雖無不注意除去，但不能避免者仍多。惟就今日保險發展之趨勢而論，對於道德危險之限制，已較前緩和。過去對於被保險人自殺，保險人不負保險金給付之責任，但今日多數保險公司之保單條款規定，在被保險人自殺時，如加入保險已過一定期限（我國規定二年），保險人應支給保險金。

三、心理危險所致之損失

　　要保人或被保險人，對於保險標的負有善為保護之責，不得因已經保險而疏於注意，未盡其約定之保護責任，此即所謂心理危險。其因而所致之損失，保險人不負補償之責。在危險發生後，復因要保人或被保險人對保險標的未盡合理方法予以保護，因而增加之損失，經鑑定確實，保險人亦不負補償責任。

四、自然消耗所致之損失

　　自然消耗所致之損失，其中並包括由於保險標的之性質或瑕疵所致之損失在內。由於保險標的之性質所致者，如食物之腐敗，糖類之溶化，煤炭之自燃，火藥之爆炸等。由於保險標的瑕疵所致者，如構造之不良，保管之不當等。由於保險標的自然消耗所致者，如建築之折舊，器物之磨損等。上述各種情形，為要保人或被保險人所能預知，且其損失亦屬必然，與保險之偶然性相背離，保險人自難負其責任。

第三節　保險金給付之處理程序

　　保險事故發生後，保險人所負給付保險金之義務，其處理之程序，

可自被保險人與保險人兩方面說明之。

一、被保險人方面

1. 危險發生之通知

對特定危險事故之發生，要保人或被保險人負有通知保險人之義務，使保險人得以從速調查其事實真相，或從容準備其給付金額，不致遭受對方之詐欺或受意外之損失。惟其通知之時限，有兩種不同之規定：一為有時期之限制者，如《保險法》第 58 條規定：「要保人，被保險人或受益人，遇有保險人應負保險責任之事故發生，除本法另有規定，或契約另有訂定外，應於知悉後五日內通知保險人」。一為無時期之限制者，即被保險人應速為通知，不加以時期之限制，如《海商法》第 149 條規定：「要保人或被保險人，於知保險之危險發生後，應即通知保險人。」（惟同法第 151 條對於貨物之受損，又有一個月限期之規定。）

2. 避免損失之擴大

保險事故發生時，要保人或被保險人不得恃有保險之故，不加施救，或忽於防範，仍有設法制止損失擴大，並使減輕至最低限度之責任，此乃社會經濟與公益保護所必需。因此種施救行為所發生之必要費用，要保人或被保險人亦可請求保險人予以補償。如《保險法》第 33 條第 1 項規定：「保險人對於要保人或被保險人，為避免或減輕損害之必要行為所生費用，負償還之責。」

3. 現場情形之保留

保險事故發生後，要保人或被保險人對於現場情形，在未經保險人勘定以前，不得變更。但其已經保險人所同意者，即為保險人所認可，其與理賠手續之進行並無影響，自屬例外。雖然如此，若保險標

的遭受損失後，或為維護社會安全與公共利益計，或為防止危險之繼續擴大以限制損失計，雖未經保險人之同意，亦得變更之。例如房屋火災後，傾倒途中，為避免其妨礙交通，或防止其延燒對面房屋，不得不加以變更者是。

4.索賠文件之提供

保險事故發生後，要保人或被保險人行使賠償請求權時，必須以書面為意思表示，俾保險人憑以辦理。所需書面文件視保險種類而定，基本的有：理賠申請書、損失清單及於必要時提供之事故證明。

5.保險人行使代位求償權之協助

被保險人因保險契約承保範圍內之損失而對於第三人有賠償請求權者，保險人得於給付賠償金額後，於賠償金額範圍內代位行使被保險人對於第三人之請求權。此為保險人之契約權利，要保人或被保險人應予維護並協助使順利行使。協助事項如：蒐集人證、物證、出庭作證及其他有利於保險人之行為。如有違反，保險人得請求損害賠償。惟因協助所生合理必要費用，由保險人負償還之責。

二、保險人方面

1.確定理賠責任

保險人於收到要保人或被保險人關於危險發生之通知後，即須確定自身是否有理賠之責任，應先就保險契約上及法律上，研究各項有關問題，其主要者如下：

⑴保險事故之發生，是否在保險契約有效期間以內。

⑵保險事故之發生，是否在承保範圍以內。

⑶保險事故之發生，是否在保險標的之上。

⑷保險事故發生之地點，是否在承保範圍以內。

(5)保險事故發生之結果，是否可構成要求補償之條件。

(6)要求補償之人，是否有權提出此項要求。

2. 調查損失事實

　　保險人已初步確定有理賠之責任後，即須根據要保人或被保險人之通知，或其所提出之受災情形報告書、損失統計表、以及各種有關之原始憑證文件等，進行調查事實真相，以估計損失，而決定補償之金額。在人身保險方面，因其為定額保險，保險金額事先確定，故不發生事後估價之問題。在財產保險方面，則應在保險金額限度內，依實際損失補償之。損失金額之決定，通常採取兩種辦法：一為協議，即由雙方同意決定補償之數額；一為估價，乃取決於保險公證人，在我國常交專業之公證公司勘估。如雙方對損失金額之決定發生爭議，則應由雙方選定公斷人判斷之。公斷再有不服，然後始可提起訴訟。

3. 給付保險金額

　　保險事故發生後，經調查屬實並估定損失，保險人應即給付保險金，以履行保險契約上之最後義務。給付期限，如無特約，《保險法》第 34 條第 1 項規定，保險人應於接到通知後十五日內為之。但《海商法》第 150 條第 1 項規定：「保險人應於收到要保人或被保險人證明文件後三十日內，給付保險金額」。蓋海上保險之情形較為複雜，故期限亦較延長。保險人因可歸責於自己之事由致未在給付期限內為給付者，應給付遲延利息年利一分。

　　給付方法，以一次給付為原則，以分期給付為例外（如年金等），視保險契約訂立時有無特約而定。給付種類，以金錢給付為原則，實物給付為例外，後者如玻璃保險之原物補償，傷害及疾病保險之負責醫療等是。

4.註銷保險單（或變更保險金額）

　　保險標的發生全部損失時，保險人於給付保險金後，應將保險單收回註銷。

　　保險標的發生部分損失時，如要保人與保險人皆無意終止保險契約，則保險人於給付保險金後，應簽發批單，註明自保險事故發生之日起，就原保險金額減去已給付金額，而以餘額作為保險單有效之保險金額，並調整應繳之保險費。

火災保險

🏠 第一節　火災保險之意義 🏠

　　火災保險之意義較為簡單，乃以動產或不動產為保險標的，以火災發生而遭受之毀損或滅失為主要之保險事故。此種保險，在不幸因火災發生而遭受損失時，使利害關係人可獲得補償，而免陷於經濟生活之不安定。

　　火災保險之標的為動產與不動產。所謂不動產者，普通指住宅、店舖、倉庫、工廠、醫院及戲院等建築物，並包括附屬於此建築物之固定設備。所謂動產者，指住宅內之家具、衣著、書籍，商店內之商品、存貨，工廠內之機器、原料及成品等。惟至今日，火災保險標的之種類，已擴大包括有關動產或不動產上各種利益或費用之從屬損失在內，如租金損失、營業中斷損失等是。因此火災保險之業務範圍，亦在火災以外，包括租金保險、營業中斷保險等同類業務在內。

🏠 第二節　火災保險之危險事故 🏠

　　火災保險，顧名思義，其承保之危險事故，以火災為主。保險學上之所謂火災者，須具備下列三條件：

💧 一、須有燃燒作用並發生灼熱與火焰

　　火之意義，根據美國巡迴上訴法院對於西方毛織廠濕毛自燃案件判例 (Western Woolen Mills Co. V. Northern Assurance Co.) 之解釋：

「自燃通常為一種急速之氧化作用，火亦為帶有灼熱與火焰之急速氧化作用。火常因燃燒而起，但燃燒不一定發火。物體之所以自燃，其原因由於內部熱量之發展，而非外力之作用。燃燒或自燃非至發生火焰與灼熱，不得稱之為火。」因之，火之發生，必須有燃燒 (combustion)、灼熱 (glow) 與火焰 (flame)，三者不可缺一，始能構成火之觀念。

二、須其火力超出一定範圍

火險保單所指之火災，係指惡意之火 (unfriendly fire, hostile fire) 而言。如屬善意之火 (friendly fire)，自不能成為火災之條件。圍爐取暖，炭火融融，雖火力甚強，但其依一定之目的在一定範圍燃燒，屬善意無疑。如火力過強，爐旁衣物被灼焦或燻黑，因火力未超出一定範圍，保險人不負損失之責任。但若超出一定範圍，延燒他物，雖損失甚微，亦屬惡意。

三、須發生直接損失

火災保險契約中所指之火災，必須與損失之發生，依據近因原則，具有直接因果關係。如某屋發生火災，該屋之毀損，固屬火險之範圍。若因該屋電線之連接，使鄰近工廠之機器陷於停頓，造成相當之損失，雖其損失亦係火災所造成，但因其由於電線之介入所致，其因果關係已經中斷，故保險人不負補償責任。

火災保險所承保之危險事故，除火災外，通常又包括閃電及雷擊與爆炸在內。另外，有特殊需要者亦可附加投保標的物由於地震、颱風、洪水、航空器墜落、機動車輛碰撞、罷工、暴動及竊盜等危險事故。

1. 閃電及雷擊 (lightning)

過去火災保險契約中，皆認為不應將閃電及雷擊包括在內，除非

因而隨即發生火災。閃電及雷擊，兩者原無區別，我國通常因雷電而引起火災者稱為閃電，僅落雷而不發生火災者稱雷擊。雷擊之損失，常頗嚴重，雖不發生火災，在現今各國火險保單中，與閃電同樣由保險人對其損失負補償之責。

2. 爆炸 (explosion)

爆炸之包括於火災保險範圍內者，在我國過去之保單以下列兩種情形為限：①家庭用鍋爐、電器用具、煤油爐之爆炸，②建築物內（煤氣工廠除外）作為家庭用、照明用或取暖用之煤氣爆炸。如因用作任何營業上之用途而發生爆炸，則應除外，另由特種保險契約承保之。我國現今之保單分為住宅火災保險及商業火災保險，其於爆炸之承保另有明確之規定，詳見第四節火險保單之內容。在一般情形下，依近因原則如契約無另外約定，因火災引起之爆炸，保險人負補償責任。反之，因爆炸引起之火災，其損失不論在何種情形下，保險人不負損失補償之責。

🏠 第三節　火災保險之種類 🏠

火災保險之種類頗多，茲舉述其主要者如下：

一、依保險標的分類

1. 不動產火災保險

普通指住宅、店舖、工廠、倉庫、醫院及戲院等建築，並包括附屬於此等建築物之固定設備為保險標的，而成立之火災保險。

2. 動產火災保險

即指住宅內之家具，衣李或書籍，店舖內之商品貨物，工廠內之機器、原料及成品等為保險標的而成立之火災保險。

🔖 二、依保險契約性質分類

1.特定火災保險 (specific coverage)

此即火災保險中最普通之形式。在保險契約中，指定某一地區中之某項財物，並確定其保險金額。但如房屋及其內部財物，在同一保單中，分別確定其保險金額者，仍為特定火災保險。

2.總括火災保險 (blanket coverage)

又稱統括火災保險。即將不同地區內之同種財物，或不同財物之在同一地區者，而為總括性之保險。此種保險標的物，如儲存倉庫內之各種貨物，並不分別種類，而估計其總數為保險金額。至發生災害後，則計算其實際損失，而決定補償之標準。

3.自動火災保險 (automatic coverage)

此種保險，由於某種標的價值之常有變動或漲跌，因而其保險金額，隨時得以自動調整，使與實際價值相符，如房屋在建築中，價值逐日增加，保險人得因要保人之報告而自動調整其承保金額。

4.集合火災保險 (collective coverage)

集合火災保險，係特定火災保險之一種變態。如若干房屋及其內容財物，皆屬於同一被保險人，或其共同生活者，則可集合而訂立一個保險契約，以免分別締結多數契約之繁瑣。即由被保險人將所有保險標的，分類彙列一表，並合計每類所占保險金額總數之若干比例，以便計算保險費，以及為將來保險金給付之標準，故又稱表定火災保險 (schedule coverage)。

🔖 三、依保險標的價值估定與否分類

1.定值火災保險

又稱定價火災保險。《保險法》第 73 條第 2 項規定：「保險標的，

以約定價值為保險金額者，發生全部損失或部分損失時，均按約定價值為標準計算賠償。」例如房屋火災保險，約定以保險標的價額 100 萬元為保險金額，載明於保險契約，若保險契約訂立後，房屋實際價值跌落為 80 萬元，不幸因火災發生全部損失，保險人仍需按約定價額 100 萬元給予補償，則被保險人可因房屋之被焚而獲得 20 萬元之利益，非但與保險經營所根據之損失補償原則相背馳，且將發生極大流弊。故此項規定，主要僅適用於藝術品、古玩品及無法依市價估定價值之物品。

2. 不定值火災保險

又稱不定價火災保險。依照《保險法》第 73 條第 3 項規定：「保險標的未經約定價值者，發生損失時，按保險事故發生時實際價值為標準，計算賠償。其賠償金額，不得超過保險金額。」保險金額，為保險人在保險期間內，所負責任之最高額度，保險人應於承保前，查明保險標的物之市價，不得超額承保。因而其補償金額亦不得超過此契約中所訂定之最高額度。又如上例房屋火災保險，保險金額為 100 萬元，若在火災發生被焚時，該屋實際價值為 120 萬元，則其補償金額，仍以 100 萬元為最高額度。論者或有以為如此規定，對被保險人有失公平。惟保險標的價額之漲跌，其最關切與清楚者，當為被保險人自己，彼可隨時向保險人申請調整保險金額，使與保險標的之實際價值相一致。既然被保險人並未申請調整，則保險人之補償責任，自仍以保險金額為最高額度。

🏠 第四節　火災保險單之內容 🏠

火災保險單之內容具有地區性，各國不一。在反映社會需要且保

險技術可及之條件下，各國使用之保單自有差異。我國保險業在民國八十五年以前使用之火災保險單只有一套，適用於各種火災保險之投保。之後，分成兩套，住宅火災保險及商業火災保險。復因臺灣地震頻傳，政府為保障國民居住生活免因地震而受影響，特集合保險業者及政府之力量，推出住宅地震基本保險，與住宅火災保險合併經營，名為住宅火災及地震基本保險，兩者適用各別條款，但不得分開投保，於民國九十一年一月一日起實施。後於民國九十五年，本保險之範圍又增加自動承保因保險事故發生，而致被保險人對於第三人應負之法律賠償責任。之後又再增加住宅建築四周外牆之玻璃門窗因意外事故而破裂之損失。至此，凡投保住宅火災及地震基本保險者，即享有住宅火災保險、住宅第三人責任基本保險、住宅玻璃保險以及住宅地震基本保險之保障。住宅第三人責任基本保險之責任金額，以每一個人體傷、每一個死亡、每一意外事故傷害責任、每一事故財損責任及保險期間累計責任等方式，定額處理。但於被保險人之故意不法行為、保險建築物全部或一部分作為非住宅使用、被保險人不法置存或使用爆裂物、保險標的物之處所修繕、被保險人使用或管理電梯所致之賠償責任、被保險人向人租賃或保管之財物損失賠償責任，以及被保險人以契約協議另外承受之賠償責任等，則除外不保。住宅玻璃保險對每一次事故賠償金額、保險期間累計賠償金額及自負額則有一定金額之規定。茲將我國現行火災保險單內容擇要說明之。

❧ 一、承保範圍

㈠住宅火災保險

1.承保之危險事故

　　⑴火災。

⑵爆炸。

⑶閃電雷擊。

⑷航空器墜落。

⑸機動車輛碰撞。

⑹意外事故所致煙燻。

⑺罷工、暴動、民眾騷擾、惡意破壞行為。

⑻竊盜。

　　保險人承保上列危險事故所致保險標的物之毀損滅失，包括為救護標的物致標的物之毀損滅失在內。

2. 費用之補償

⑴防止損失擴大之費用。

⑵額外費用：

a. 清除費用。

b. 臨時住宿費用：每日最高 5,000 元，以 20 萬元為限。

㈡住宅地震基本保險

1. 承保之危險事故

⑴地震震動。

⑵地震引起之火災、爆炸。

⑶地震引起之山崩、地層下陷、滑動、開裂、決口。

⑷地震引起之海嘯、海潮高漲、洪水。

　　保險人承保上列危險事故所致建築物遭受毀損滅失，經專門單位鑑定為不堪居住必須拆除重建，或非經修建不能居住且補強費用為重建費用 50% 以上時之損失。

2. **費用之補償**

　⑴防止損失擴大之費用。

　⑵臨時住宿費用：20 萬元。

㈢**商業火災保險**

1. **承保之危險事故**

　⑴火災。

　⑵爆炸引起之火災。

　⑶閃電雷擊。

　　保險人承保上列危險事故所致標的物之毀損滅失，包括為救護標的物致標的物之毀損滅失在內。

2. **費用之補償**

　　要保人或被保險人遇有保險事故發生，採取必要合理之措施所支付之費用，保險人負償還之責。

二、不保之危險

　　保單內除承保上述之各種危險事故外，訂明各種不保之危險，可分為兩類：

㈠**原則上保險人不負補償責任，但經特別約定者，不在此限**

1. **住宅火災保險**

　⑴地震、海嘯、地層滑動或下陷、山崩、地質鬆動、沙及土壤流失。

　⑵颱風、暴風、旋風或龍捲風。

　⑶洪水、河川、水道、湖泊之高漲氾濫或水庫、水壩、堤岸之崩潰氾濫。

　⑷恐怖主義者之破壞行為。

　⑸冰雹。

2. **住宅地震基本保險**

　　住宅地震基本保險無此類不保危險之適用。

3. **商業火災保險**

　　(1)爆炸，包括火災引起之爆炸。

　　(2)保險標的物自身之發酵、自然發熱、自燃或烘焙。

　　(3)竊盜。

　　(4)第三人之惡意破壞行為。

　　(5)不論直接或間接由於下列危險事故，或因其引起之火災或其延燒所致之損失：

　　a.地震、海嘯。

　　b.地層滑動或下陷、山崩、地質鬆動、沙及土壤流失。

　　c.颱風、暴風、旋風或龍捲風。

　　d.洪水、河川、水道、湖泊之高漲氾濫或水庫、水壩、堤岸之崩潰氾濫。

　　e.罷工、暴動、民眾騷擾。

　　f.恐怖主義者之破壞行為。

　　g.冰雹。

　　h.機動車輛或其他拖掛物或裝載物之碰撞。

　　i.航空器及其墜落物之碰撞。

　　但因(1)、(2)、(3)、(4)項導致火災發生者，保險人對保險標的物因此所生之損失，負賠償責任。

㈡**保險人不負補償責任，且不能以特約方式承保**

1. **住宅火災保險**

　　(1)各種放射線之輻射及放射能之汙染。

(2)不論直接或間接因原子能或核子能引起之任何損失。

(3)戰爭（不論宣戰與否）、類似戰爭行為、叛亂、扣押、徵用、沒收等。

(4)火山爆發、地下發火。

(5)要保人或被保險人之故意行為

(6)由於烹飪或使用火爐、壁爐或香爐正常使用產生之煙燻。

(7)政府命令之焚毀或拆除。但因承保之危險事故發生所導致者，保險人負賠償責任。

2. 住宅地震基本保險

(1)各種放射線之輻射及放射能之汙染。

(2)不論直接或間接因原子能或核子能引起之任何損失。

(3)戰爭（不論宣戰與否）、類似戰爭行為、叛亂、扣押、徵用、沒收等。

(4)火山爆發、地下發火。

(5)政府命令之焚毀或拆除。但因承保之危險事故發生導致政府命令之焚毀或拆除者，保險人負賠償責任。

3. 商業火災保險

(1)各種放射線之輻射及放射能之汙染。

(2)因原子能引起之任何損失。

(3)戰爭（不論宣戰與否）、類似戰爭行為、叛亂、扣押、徵用、沒收等。

(4)火山爆發、地下發火。

(5)要保人、被保險人或其家屬之故意、唆使縱火。但被保險人之家屬非企圖使被保險人獲得賠償金者，不在此限。(惟保險法規

　　定，損失係由被保險人之家屬故意所致者，保險人有代位求償權。）

⑹政府命令之焚毀或拆除。（但因承保危險事故所致者，應不在此限。）

三、承保之標的物

㈠住宅火災保險

1.建築物

　　定著於土地作為住宅使用之獨棟式建築物或整棟建築物中之一層或一間，含裝置或固定於建築物內之中央空調系統設備、電梯、電扶梯、水電衛生設備及建築物之裝潢，並包括其停車間、儲藏室、家務受雇人房、游泳池、圍牆、走廊、門庭、公共設施之持分。

2.建築物內之動產

　　被保險人及其配偶、家屬或同居人所有、租用、或借用之家具、衣李及其他置存於建築物內供生活起居所需之一切動產（包含冷暖氣）。

㈡住宅地震基本保險

　　住宅地震基本保險之保險標的物僅為其承保之住宅建築物，而不承保建築物內之動產。

㈢商業火災保險

1.不動產

　　指建築物及營業裝修，但不包括土地。

⑴建築物：定著於土地，供被保險人經營業務或從事生產之建築物及公共設施之持分。為使建築物適合於業務上之使用而裝置並附著於建築物之中央冷暖氣系統、電梯或電扶梯及水電衛生設備視為建築物之一部分。

(2)營業裝修：為業務需要而固定或附著於建築物內外之裝潢修飾。

2. 動　產

除保險契約另有約定外，指營業生財、機器設備、貨物。

(1)營業生財：經營業務所需之一切器具、用品，包括招牌及辦公設備。

(2)機器設備：作為生產用途所必需之機器及設備。

(3)貨物：原料、物料、在製品、半成品、成品及商品。

四、不保之財物

㈠住宅火災保險

(1)供加工、製造或營業用之機器或生財器具。

(2)製造完成之成品或供製造或裝配之原料及半製品。

(3)各種動物或植物。

(4)供執行業務之器材。

(5)承租人、借宿人、訪客或寄住人之動產。

(6)被保險人及其配偶、家屬或同居人受第三人寄託之財物。

(7)皮草衣飾。

(8)金銀條塊及其製品、珠寶、玉石、首飾、古玩、藝術品。

(9)文稿、圖樣、圖畫、圖案、模型。

(10)貨幣、股票、債券、郵票、票據及其他有價證券。

(11)各種文件、證件、帳簿或其他商業憑證簿冊。

(12)爆裂物或非法之違禁品。

(13)機動車輛及其零配件。

但 4 項至 11 項及第 13 項所列財物，如經特別約定者，保險人亦負賠償責任。

㈡住宅地震基本保險

住宅地震基本保險不承保住宅建築物以外之任何財物。

㈢商業火災保險

⑴違禁品，但經依法特許持有者，不在此限。

⑵各種動物及植物，但作為商品供銷售者，不在此限。

⑶電腦資料、軟體或電腦程序。

⑷被保險人員工所有之動產。

⑸被保險人受第三人寄託之財物，但被保險人係以寄託為常業者，不在此限。

⑹金銀條塊及其製品、珠寶、玉石、首飾、古玩、藝術品。

⑺文稿、圖樣、圖畫、圖案、模型。

⑻貨幣、股票、債券、郵票、票據及其他有價證券。

⑼各種文件、證件、帳簿或其他商業憑證簿冊。

⑽爆炸物。

⑾運輸工具，但於保險契約所載地點內專供作貨物搬運之用者，不在此限。

但 11 項所列財物，如經特別約定者，保險人亦負賠償責任。

🐾 五、承保標的物之保險金額

住宅火災保險及地震基本保險所承保建築物之保險金額，慮及被保險人得以重建住宅迅速恢復居住生活之故，以重置成本為基礎，依投保時中華民國產物保險商業同業公會「臺灣地區住宅類建築造價參考表」之金額為重置成本，依該重置成本約定保險金額；但住宅地震基本保險所承保建築物之保險金額最高不得超過 150 萬元。至於住宅火災保險承保建築物內之動產，其保險金額則以實際價值為基礎約定

保險金額，且被保險人投保所有建築物時，該建築物內之動產即自動納入保險之承保範圍，但以建築物保險金額之 30%，最高以 60 萬元為限，如需要超過者，另予約定。商業火災保險標的物之保險金額，不論動產或不動產，以投保時之實際價值為基礎計算約定。

六、告知義務

保險人對保險標的物之情形，及其火災危險程度之估計，均賴要保人之據實告知。因此，要保人或其代理人於訂立保險契約時，對所填寫之要保書及保險人之書面詢問，均應據實說明。如有故意隱匿或偽報，或因過失遺漏，不陳述其所知之事實或為不實之說明，足以變更或減少對於危險之估計者，保險人得解除保險契約；其危險發生後亦同。但要保人證明危險之發生未基於其說明或未說明之事實時，不在此限。

七、停效與復效

保單有效期間，如有下列情形之一，除要保人或被保險人於危險事故發生前通知保險人，並經書面同意簽發批單外，保單對該項保險標的物之保險效力立即停止：

1. 建築物或置存保險標的物之建築物，連續六十日以上無人居住或使用。

2. 保險標的物搬移至保單所載地點以外之建築物或處所。

保險契約因此而效力停止者，於停止原因消失後其效力自動恢復。

但前項第 1 款適用於住宅火災保險時，保險人仍須負賠償責任，惟保險人得要求要保人先行加繳使用性質差額之保險費後，始賠付之。

八、防止損失之義務

保險標的物遇有保險事故發生時或發生後，要保人或被保險人均

有盡力避免或減輕損失之義務，其因而所生之必要費用，由保險人視實際情況補償之。但實際損失與補償金額之合計超過保險金額時，以保險金額為限，惟住宅火災及地震基本保險則不受保險金額之限制。保險人對前項費用之補償，以保險金額對保險標的物之價值比例定之。倘要保人或被保險人違反防止損失之義務時，其因而擴大之損失，保險人不負補償責任。

九、索賠之手續

如有損失發生，要保人或被保險人應於知悉時五日內通知保險人，並保持發生損失後之現場，且應於三十日內或經保險人書面同意之展延期間，自行負擔費用，提供下列文件或證物後，方可辦理索賠手續：①損失清單，應在可能範圍內詳載保險標的物名稱、數量及金額，該項金額應以損失發生時之實際價值為準，不得計入任何費用及利益。②補償金申請書。③火災狀況報告書。④保險標的物若另向其他保險人要保同一危險事故之保險者，應另開清單詳載一切保險事項。⑤保險人認有必要時，得要求被保險人提供有關之各項詳細圖樣、說明書、簿冊、憑證、帳單及有關證物。如要保人或被保險人不依上項規定為通知者，其因而擴大之損失，保險人不負補償責任。

十、損失現場之處理

保險標的物發生損失後，保險人得查勘發生事故之建築物或處所，並得查勘被保險人置存於該建築物或處所內財產之全部或一部，並加以各種合理之處置。保險人執行前項工作，不影響對補償金額請求之抗辯權。如要保人或被保險人或其法定代理人無正當理由拒絕或妨礙保險人執行前項工作時，喪失該項損失之補償金額請求權。

十一、他種保險並存時之責任

保險標的物在保險事故發生時，如另有他種保險同時承負責任，保險人僅按各該保險金額與總保險金額之比例負補償之責。所謂之他種保險契約不包括責任保險及保證保險。

十二、保險標的物之理賠

住宅火災保險建築物因危險事故發生所致之損失，保險人以修復或重建受毀損建築物所需之費用計算損失金額，不再扣除折舊。除法令規定或事實原因無法修復或重建外，若被保險人不願修復或重建受毀損建築物，保險人僅以實際價值為基礎賠付之。保險人並就重置成本為基礎與實際價值為基礎之保險金額差額部分，計算應返還之保險費。若建築物保險金額低於承保危險事故發生時之重置成本之 60% 時，保險人僅按保險金額與該重置成本 60% 之比例負賠償之責。至於住宅火災保險所承保之動產與商業火災保險所承保之動產及不動產理賠，則以承保危險事故發生時之實際現金價值為基礎賠付。不足額投保時，保險人僅依保險金額與保險價額之比例負賠償之責。

十三、給付期限

保險人應於被保險人或其他有保險賠償請求權之人，檢齊文件、證據及賠償金額，經雙方確認後十五天內為賠付。若可歸責於保險人之事由而遲延者，應自賠償金額確認之日起，給付遲延利息，周年利率一分。保險人正常鑑認承保之危險事故及損失之行為，不得視為可歸責保險人之事由。

十四、賠償責任之限制

保險人對於保險標的物之損失賠償責任，以保險金額為限。因此，保險期間每次之賠償金額，應自保險金額中扣除。但保險標的物修復

或重置後，要保人得按日數比例加繳保險費，恢復原保險金額或重新約定保險金額。否則，再有保險事故發生，保險人僅就保險金額之餘額負賠償責任。一次或多次理賠之金額累積達保險金額時，保險契約即失其效力。

十五、權利之代位行使

保險人按照保單給付補償金額或回復其損失後，應得代位行使各項權利之救濟方法，或對第三者請求救濟或賠償。凡為保險人所視為必要，或為保險人所合理要求之一切行為，不論在保險人理賠以前或以後，被保險人均應同意辦理，或允任保險人辦理，其費用則歸保險人負擔。

第五節　火災保險之保險費

第一項　保費之計算方式

火災保險之保險費率，以足敷補償火災損失為最主要。現今我國火災保險費率之計算，採取分類法並於適用時上下加以增減調整。首依建築物之結構情形及使用性質組合成若干危險集團，分別算定其平均費率，另以樓層數或建築高度、建築之消防設備作為費率增減調整之標準。建築物之結構，依據房屋四周外牆之構造與厚度為準，並按其屋頂、門窗、樓板、樑架及屋柱之構造將建築物分為特一等、特二等、頭等、二等及三等五種等級。特一等建築之防火功能最優，特二等次之，其他又次之。建築物之使用性質，將其分為二十一類，每一類又分為若干小類。住宅最優，辦公廳次之、行號商店又次之、工廠比倉庫危險。投保時，建築物之樓層數在十五層或高度在五十公尺以

上，需予加費。建築物如備有自動警報、室內消防栓、自動滅火等設備得予減費。火災保險標的物遭受火災損失，其可能是標的物自身燃燒之危險所致，也可能是外來之延燒所波及，因此評估保險標的物之危險時，必須考慮標的物本身之因素及周遭環境狀況，而有同一危險範圍規定之適用。同一危險範圍之意義，即任一財物發生火災而其他財物亦必遭受延燒損失者，這些財物謂之屬於同一危險範圍。評估危險時應以範圍內危險較高財物之費率作為全體適用之費率。同一危險範圍又分為直接通連危險與間接通連危險二種。接連建築物之間隔牆無防火牆隔絕者，為直接通連。兩毗鄰建築物其各相對外牆非防火牆，中間空地之距離未達一定標準者，謂之間接通連。住宅地震基本保險之保費計算，為簡化核保手續，並減輕高風險、高保費地區保戶之保費負擔，採全國單一費率，經過精算，每戶按保額 150 萬元計算，每年保費 1,350 元。保額低於 150 萬元者，按比例計算。凡此費率釐訂之規定均詳載於我國之火險費率規章。

第二項 費率之決定方法

火災保險費率之計算方式，已如上述。現今各火災保險業所採用之費率，究竟如何決定，亦一應注意之問題。茲將各國所通用者，略述如下：

🐾 一、自定法

即保險費率之大小，由各火災保險業自由決定，政府絕不加以干預。

1. 優 點

保費因競爭關係，可較低廉，否則將不能與其他同業並存，而自

趨淘汰。

2. 缺　點

由於個別保險業對於火災危險之經驗，每嫌不足，且火災損失因年不同，若僅以平年為計算標準，且猝逢大火之年，保險人所收保費，將有不敷給付之虞。

二、協定法

即保險費率之大小，由各火災保險業組織團體提供個別經驗，共同算定後，制訂規約一致遵守。

1. 優　點

根據共同之經驗，算定之費率自較正確，使各火災保險業能穩健經營，不致發生收支不能平衡之情形。

2. 缺　點

火險同業可能彼此協議提高費率，以圖厚利。

三、公定法

即保險費率之大小，由政府機關以其調查所得之資料製訂費率表，以法令規定各火災保險業必須遵行。

1. 優　點

可避免採用協定法時同業間協議提高費率之弊。

2. 缺　點

在費率規定後，適用時伸縮性較小。保險人對保險標的之危險估計，以及保險契約訂立後因特種情形而須增減保費時，每易感覺規定費率不能與實際業務相配合。

火險費率之決定方法，雖有上列三種，但實際上近代各國採用協定法者較多。惟為防止其發生流弊起見，由政府加以適當之監督，我

國即採取這種方式。《保險法》第 144 條亦規定保險費之計算公式，由主管機關核定之。

第十四章

海上保險

🏠 第一節　海上保險之意義 🏠

　　海上保險，俗稱水險，亦即海上運輸保險，凡屬航海中一切事變及災害，對保險標的所生之滅失、損毀及費用，由保險人負補償責任之保險。其因航海中遭遇各種危險事故所生之損失，無論屬於船舶、貨物、運費或利益者，皆屬海上保險之承保範圍。各種危險事故之發生，包括自然的及人為的原因：前者如暴風雨、觸礁、擱淺、沉沒及碰撞等；後者如海盜或強盜、船員之疏忽或惡意行為等。因此，海上保險業務之範圍甚廣，遠非其他保險所能相比。海上保險制度迄於今日，尚缺少科學之根據者，亦以此故。經營海上保險業務者，對於保險費之計算，大體上仍無一定之計算基礎，全賴於業務人員之學識經驗而定。值茲世界各國貿易發達，貨運頻繁之時，海上航行，危險事故之發生，在所難免，縱然不問海上保險在科學上之基礎若何，其可以平均危險，減輕損失之效能，終較冒險而作孤注一擲為妥當。故海上保險之在今日，已為國內外貿易中不可缺少之要務。

🏠 第二節　海上保險之危險事故 🏠

　　海上保險所承保之危險事故，範圍甚廣，各種保單承保之事故範圍不同，茲列舉其主要者如下：

🌀 一、海難

凡保險標的在海上因偶發之意外事故或災害所發生之損失皆屬之。現行英國協會保單條款中，復將海難 (perils of the sea) 之範圍擴大，非僅指海上所發生之事故，即在河川、湖泊及其他航行水域中所發生之事故，亦包括在內。最普通之海難，約有下列六種：

1. 沉沒 (sinking)

即船貨形體全部沉沒之謂。但此所稱沉沒者，僅指因風浪所致之沉沒而言。復如某船開出後，不久即行失蹤，經過相當時間，例如一個月或五個月（我國《海商法》規定為二個月），仍無消息者，該船應推定為沉沒，其損失由保險人補償之。

2. 擱淺或觸礁

當船舶在航行中，因風浪衝激，觸及海底礁石或擱置沙磧上時，經相當時間之停留者，稱為擱淺 (stranding)。船舶觸及海底之物未擱置者，則稱為觸礁 (grounding)。在現行貨物保單中，對載貨船舶因擱淺或觸礁所發生之損失，皆在承保範圍之內。

3. 觸撞或碰撞

船舶與本身以外之任何物體，如燈塔、碼頭、港口建築物相衝撞，稱為觸撞 (collision)。如與其他船舶互撞，則謂之碰撞 (contact)。兩者所致被保險船貨本身之損失，應由保險人補償。至於因碰撞而致他船損失之賠償責任，保險人負責；而觸撞及其他動產或不動產之賠償責任，保險人不負補償責任。

4. 暴風雨 (heavy weather)

船舶航行海上遭遇暴風雨所致沉沒、擱淺或觸礁、碰撞或觸撞等損失，即以各該事故處理，已見上述。此處所稱之暴風雨，乃指貨物

方面所遭遇者而言。如因暴風雨而船舶傾斜，貨物浸水；船身顛簸，貨物破損；艙內通風遮斷，貨物潮濕、霉爛或凝塊等損失，保險人依保單規定處理之。

5. **海水損害** (sea-water damage)

海水損害之損失，以貨物為限。指船舶遭遇暴風雨、沉沒、擱淺或觸礁、碰撞或觸撞等事故發生時，貨物遭受之海水損害而言。

6. **傾覆** (capsizing)

海上保險人於船舶傾覆所致保險標的之毀損或滅失，應負損失補償之責。甚至於貨物保單附加陸上運輸者，將由於陸上運輸工具翻覆或出軌所發生之損失，亦包括於承保範圍之內。

二、火災或爆炸

海上保險標的，無論在海上或陸上，因火災或爆炸所引起之損失，可由保險人予以補償。其由火災或爆炸直接毀損之損失，或間接被火烤焦或被炸震壞之損失，以及因救災所發生之水漬或其他損失，均屬海上保險之承保範圍。

三、強盜或海盜

強盜 (violent theft) 係指由船外侵入船舶暴力劫奪之人；海盜 (pirate) 指不屬於任何國家，為了私利在海上進行襲擊、掠奪、破壞、放火等行為之人。在船舶保單中，無論強盜或海盜所致船舶之損失，皆納入承保之範圍。在貨物保單中，則視保單所載而定。

四、投棄或共同海損犧牲

當船舶在海上航行，遭遇緊急情況，有時會將一部分貨物或船上設備投棄 (jettison) 於海中，以使船貨脫險。此項投棄行為，如為保全船貨共同利益而發生者，則稱為共同海損之犧牲 (general average sacrifice)。無論投棄或共同海損之犧牲，其損失皆應由保險人補償之。

五、避難港之卸貨損失

船舶避難進港緊急卸貨時，難免若干貨物發生損失是為避難港之卸貨損失 (discharge of cargo at a port)。貨物保險人對此種損失負補償之責。

六、地震、火山爆發或雷閃

地震 (earthquake) 及火山爆發 (volcanic eruption) 原屬巨災危險，為一般保險所不保。現行船舶保單及貨物保單(A)(B)中，皆將地震、火山爆發或雷閃 (lightning) 等危險事故，納入承保範圍。凡因此等事故發生所致之損失，保險人負補償之責。

七、船長或船員等之疏忽或惡意行為

無論船長、船員或領港人員之疏忽或惡意行為 (negligence or barratry)，以致船舶所有人遭受之損失，船舶保險人負補償之責。所謂疏忽行為，指於船舶操控行為之疏失所致者。所謂惡意行為者，指為損及船主之利益，故意對船舶遺棄、縱火、鑿沉等是。

八、除不保事項外之一切危險

除不保事項外之一切危險 (all risks except exclusions)，為貨物保單承保全險適用條款(A)時，規定保險人負責任範圍之表示用字。凡貨物損害非除外事項所致者，保險人均應負賠償之責。

海上保險承保之危險事故，除上述各項外，戰爭危險 (war risks) 及罷工危險 (strike risks)，原屬不保事項，但如經特約，亦可加保。

🏠 第三節　海上保險之主要內容 🏠

第一項　保險標的

海上保險之保險標的，係指船舶、貨物、運費及預期利益而言，至於在航海中船員或旅客之生命身體則不屬海上保險之範圍內。

一、船　舶

海上保險標的之船舶 (vessel)，並不限於商業行為之目的而供航海使用之船舶，即非商船（如私人遊艇，濬河船及工作船等）以及建造中之船舶亦包括在內。船舶之為海上保險標的，不僅指船體 (hull) 而言，並包括其設備屬具，如鍋爐、機器、帆檣及用具等。

二、貨　物

海上保險標的之貨物 (cargo)，指海上航行船舶所裝載之一切商品而言，但不包括個人隨身攜帶之衣物及金銀飾物與銀行鈔票等。個人物品當做貨物運送者，及動、植物之運輸應另外特別處理，不得視為普通貨物。

三、運　費

海上保險標的之運費 (freight)，即為船舶因運送貨物所收取之代價，但僅限於運送人如未經交付貨物即不得收取者。其性質與船舶或貨物不同，並非具有實體之物，而係由運送契約所發生之給付義務。

四、預期利益

海上保險標的之預期利益 (expected profit)，即為貨物安全到達目的地後所可預期獲得之利益。其性質頗與運費相似，皆屬無具體型態之費用與利益，通常併入貨價由貨物保單承保。

　　由上可知，海上保險之標的，非但包括有形之物，即無形之費用與預期利益亦屬之。運費之能否為保險之標的，過去頗多認為可議。實則運送人運送貨物，假如運費不先收取，則貨物中途遇變毀損，不能起卸或全部損失時，運費亦常隨之損失而無所得。運費既有損失之情形，當然亦得為保險利益，而為保險之標的。預期利益之為保險標的，過去法國海事條例中，以其具有賭博性質而加以禁止。惟時至今日，一般觀念已有改變，蓋預期利益之存在，並非完全不確定者，如貨物能到達目的地，則利益之獲得，即屬相當確實之事實，其與賭博之完全出於僥倖者究屬相異。至於船舶與他船碰撞應負之損害賠償責任，初不為船舶保險人承保，但今之船舶保險應船主之需要已包含此項賠償責任。

第二項　保險價額

　　海上保險所有各項標的之保險價額，以當事人間之約定為原則。如未為約定者，則危險發生後，損失之估計頗為困難。我國海商法為避免發生爭執計，有一定計算標準之規定：

❤ 一、船舶保險

　　關於船舶之保險，以保險人責任開始時之船舶價額及保險費，為保險價額。考慮船齡、船舶狀況及船舶之特殊用途約定之。

❤ 二、貨物保險

　　關於貨物之保險，以裝載地、裝載時之貨物價額、裝載費、稅捐、應付之運費、保險費及可期待之利得，為保險價額。

❤ 三、運費保險

　　關於運費之保險，僅得以運送人如未經交付貨物即不得收取之運

費為之，並以被保險人應收取之運費及保險費為保險價額。

四、預期利益保險

關於因貨物之到達時應有利得之保險，其保險價額由雙方約定之。實務上一般以貨價之 10% 為其保險價額，併入貨價中而使貨物保險之保險金額為貨價之 110%。

第三項　保險期間

海上保險之保險期間，通常由保險契約當事人決定之。在契約中確定保險之一定期間者，稱為定期保險。或以某一航程為保險期間者，稱為航程保險。在航程保險之情形中，保險期間之始期與終期，規定如下：

一、船舶保險

關於船舶及其設備屬具，自船舶起錨或解纜之時，以迄目的港投錨或繫纜之時，為其保險期間。

二、貨物保險

貨物保險及預期利益保險，其保險期間，二者係屬一致。通常規定自貨物離開保單所載地點倉庫起運之時，以迄於抵達保單所載目的地倉庫之時，航程進行之期間為其保險期間。包括當中為完成運輸需要，貨物在海關倉庫等待驗關之期間，惟有時間之限制，於貨物自海船卸下後六十天保險效力終止。此外，又因本保險承保貨物運輸期間託運人或受貨人不能控制貨物時之損失，因此貨物在航程終止前之任何地點，由託運人或受貨人用做分配、分送或儲存貨物者，保險效力即終止。以上三種情形以先發生者為準。

第四節　海上保險損失之類別

海上保險之損失，其種類及性質，頗為繁複。茲將各種損失之意義，分述如次。

第一項　實際全損

凡海上保險之標的，業經毀滅；或其受損之程度，已失去其原有物之種類；或被保險人對於保險標的之所有權，業被剝奪而永不能恢復者，謂之實際全損，或稱絕對全損 (actual total loss, absolute total loss)。根據上述之解釋，實際全損包括三種情形：

(1)保險標的因所保危險發生而致毀滅，如船貨沉沒，打撈無望；或船貨失火，毀損淨盡者是。

(2)保險標的受損之程度，已失去其原有之屬性，如菸草或牛皮因海水浸濕，發生化學作用，腐爛霉臭，成為廢物者是。

(3)被保險人對於保險標的之所有權，業被剝奪而永不能歸復，如貨物為敵人或海盜所捕獲或攫取，或被船長船員以非法行為加以盜取等是。

實際全損，除上述船貨等事例外，運費及利益亦有發生實際全損之情形，如某船正擬在某港準備裝載貨物，忽因國際局勢緊張，匆促離去，其船貨均安全存在，而運費則全部喪失。

第二項　推定全損

海上保險之標的，或因全部損失之不可避免，或因標的雖未全損，但修復時所需之費用，將超過修復後之價值，而予以合理委付者，謂

之推定全損，或稱解釋全損 (constructive total loss, technical total loss)。普通包括下列三種情形：

(1)被保險人對於其船貨之所有權，因所保危險之發生而被剝奪：①船舶為敵對國家捕獲，船貨之收回似無希望；②收回之費用，將超過所能收回之價值。

(2)被保險船舶之受損，不能修理；若勉為修理，其所需費用，將超過該船之價值。

(3)被保險貨物受損，如將貨物整理續運，其所需費用，將超過該項貨物之價值。

關於修復費用之多少，可認為推定全損者，各國法律規定稍有出入。我國舊《海商法》規定其修復費用如達本身價值四分之三時，即得認為推定全損。但今之《海商法》規定，以達到本身之價值為標準。

無論實際全損或推定全損，其於損失發生後，應由保險人補償全部保險金額，兩者相同；惟其最大之不同點，即為委付之通知，委付 (abandonment) 者，海上保險標的雖未達於全部損失，但有全部損失之可能；或其修復費用將達到本身價值時，被保險人得將其殘餘之利益，或標的上所有一切財產權利，表示移轉於保險人，而請求全部補償之意。就保險人而言，此項利益或權利之移轉，即代位權 (right of subrogation) 之取得物上代位為主；就被保險人而言，由於推定全損之情形，經委付而取得實際全損之利益。

第三項　共同海損

第一目　共同海損之意義

共同海損 (general average)，原係航運業有關之問題，後因海上保

險保單中，通例將被保險人所受共同海損性質之損失或責任，承保在內，共同海損乃與保險發生關聯。

　　共同海損之意義，根據一八〇一年英國白克萊控訴普來斯格雷 (Birkley V. Presgrave) 之判例中，法官勞倫斯 (Lawrence) 氏之解釋：「凡為維護船舶與貨物而實施之非常犧牲，或支出之非常費用，所發生之一切損失，皆在共同海損範圍之內，須由全體利害關係人按比例分擔之。」我國《海商法》亦規定，共同海損指在海難中，船長為避免船舶及積貨之共同危險所為處分，而直接發生之損害及費用。

第二目　共同海損之計算

　　共同海損之計算，包括兩部分：一即在共同海損行為中所實施之犧牲或支出之費用，遭受損失者有權向共同航海中因而保全之其他利益所有人，請求分擔其損失。一即因共同海損行為而保全利益之所有人，應依何種價額為標準分擔共同海損。前者為共同海損損失額之計算，後者為共同海損分擔額之計算。

一、共同海損之損失額

　　共同海損之損失額 (general average loss)，其中支出費用所構成損失額之估計，較為簡單。至於實施犧牲所構成損失額之估計，因其有船舶、貨物及運費三種不同之利益，故其估計方法亦各不同。

1.船舶之損失額

　　船舶之損失額，即為船舶遭損恢復之修理費。

2.貨物之損失額

　　貨物之損失額，就其所損失貨物之價值若干而決定。而貨物之價值，以商業發票價格為準，並包括應支付之運費及保險費在內，但應扣除因犧牲而減省之費用。

3.運費之損失額

運費之損失額，以貨載受損或滅失致減少或全無之運費為準。但運送人因此減省之費用應扣除。

🐾 二、共同海損之分擔額

欲求共同海損之分擔額 (general average contribution) 必先求得各種利益在航程終止時或卸貨時之保全價值，即所謂分擔價值（又稱分擔價額，contributory value）。換言之，亦即按各種利益之分擔價值，始可比例算出共同海損之分擔額。在計算分擔價值時，需注意下列兩點：

1.分擔價值之計算原則

計算分擔價值時，應注意平均分攤之原則，即全體利害關係人，皆須分負共同海損之責任。未受損失之利害關係人，固須分攤；即有損失之利害關係人，亦應分攤之。

2.分擔價值之計算方法

計算分擔價值之方法，可自船舶、貨物及運費三方面說明如下：

⑴船舶之分擔價值，以船舶在航程終止地航程終止時之價值為準，減去非共同海損修理之費用，再加上共同海損中損失之應受補償部分。

⑵貨物之分擔價值，以包括運費及保險費之發票價格為準，減去因犧牲而得以減省之費用，再加上共同海損中損失之應受補償部分。

⑶運費之分擔價值，以到付運費之應收額為準，扣除因共同海損而得以減省之費用，再加上共同海損中損失之應受補償部分。

各種保全利益之分擔價值估定後，以之比例分擔共同海損之全部

損失額，即為各種利益在共同海損中所分擔之損失額，亦即所謂分擔額。共同海損之核算，已成為一種專業，皆由共同海損計算師 (G.A. adjuster) 擔任，以上所述，乃其原則性之說明而已。

第四項　單獨海損

第一目　單獨海損之意義

單獨海損 (particular average)，又稱特別海損，其意義依照勞依茲保單之規定，指由於所保危險之發生，對某種單獨利益（如單獨限於船舶或貨物），在航程中出於意外並直接所引起之一部損失。故單獨海損與共同海損雖然同屬部分損失，但意義不同。共同海損乃指為避免全船整個同歸於盡，而故意實施犧牲所受之一部損失，該項一部損失，得由各利害關係人共同分擔之。單獨海損則指單獨所保利益，因保險事故發生所受之一部損失，該項損失，應由該項利益之所有人單獨負擔。

單獨海損，通常包括保險標的因海難所致之毀損、折價及一部滅失。保險人之補償責任，乃根據保險之承保範圍及所保危險種類而定。

第二目　單獨海損之計算

單獨海損發生後，應依照損失狀態確定其損失數額，而由保險人補償之。至於損失數額之如何確定，可就貨物、船舶、運費及利益四方面分別論述之。

❧ 一、貨物方面

單獨海損之及於被損貨物者，其損失數額之計算通常皆先求得完好價值與受損價值之比例，然後再依此比例，乘以保險金額，即得保險人應補償之金額，其公式如下：

$$保險人應補償金額 = \frac{受損價值}{完好價值} \times 保險金額（或保險價額）$$

二、船舶方面

單獨海損之及於船舶者，其損失數額之確定，如船舶受損後業經修繕者，其補償標準為合理之修繕費用。如船舶受損僅經一部分之修繕，被保險人除應獲得合理之修繕費用外，其未經修繕部分，若因此而遭致任何合理之折價，亦應獲得補償。如船舶受損未經修繕，於保險單到期時，船舶因而發生折價之損失，被保險人亦應獲得補償。關於船舶之修繕處理方式：(1)保險人放棄以新品換舊品時習慣上之扣減。(2)不考慮不足額投保之情形。(3)保險期間若干次之部分損失，保險人均予賠償。此處理方式為之後發展之其他運輸工具保險所採用。

三、運費方面

單獨海損之及於運費者，其損失數額之確定，應比例其可保之價值而計算之。倘被保險貨物，僅有一部分裝船，其實際損失部分應與實際裝船部分比例計算之。

四、利益方面

單獨海損之及於利益者，損失數額之確定，其計算與上述之及於貨物者大致相同。

第五項　費用損失

一、救助費用

救助費用 (salvage charges) 一般係指第三者之自動救助行為，使船舶或貨物確能有效避免或減少因危險發生所受之損失，而支出之酬金。

救助費用之負擔，如此項費用係第三者自動救助所生，無結果即

無報酬。若救助費用係出於船主與施救者訂立契約而發生者，則由被救助之利益平均分擔，其辦法通常與共同海損相同；其應由保險人補償者，亦與共同海損無異。

二、單獨費用

單獨費用 (particular charges) 為被保險人、代理人、受雇人或受讓人為保險標的之安全或保存，所支出之費用。此項費用可能發生於目的地或目的地之前。實務上將目的地發生者視為單獨費用，目的地之前發生者歸為損失防止費用。目的地發生者如受損貨物上岸、存倉、重裝所支出之費用，此費用與單獨海損之合計數，應受保險金額之限制。

三、損失防止費用

損失防止費用 (sue and labor charges) 為被保險人、代理人、受雇人或受讓人在保險標的遭遇任何危險事故時，負有採取一切合理措施，以避免或減輕損失至最低限度之責任，因而得進行訴訟及各種施救工作，其所有支出之費用。此等費用係指在目的地之前所發生，可由保險人負補償之責。惟保險人負擔此種費用之責任，基於保單中損失防止費用條款之規定，乃為原有承保危險以外之責任，故不受標的全損業經全額補償之限制。亦即標的物即使全損，保險人仍應賠償被保險人所合理發生之此項費用。

四、額外費用

額外費用 (extra charges) 指證明索賠之費用，如查勘、公證等損害估審所支出者。此項費用只有在被保險人之索賠成立，保險人應負賠償責任時，才予支付。

🏠 第五節　海上保險之責任範圍 🏠

保險人對所保損失之責任，因船舶與貨物而不同，茲將其承保責任範圍，分別舉述如下：

一、船舶保險

船舶保險所承保之危險事故如下：

1.下列各項傳統危險事故發生所引起保險標的之滅失或毀損：

(1)海洋、河川、湖泊或其他航行水域之固有危險。

(2)火災、爆炸。

(3)船外人員之強盜行為。

(4)投棄。

(5)海盜行為。

(6)核子裝置或反應器之破損或意外事故。

(7)與航空器或類似物體本身或其墜落物、陸上運輸工具、船塢或港灣設備或裝置之觸撞。

(8)地震、火山爆發或雷閃。

2.下列各項危險事故發生所引起保險標的之滅失或毀損：(此項損失應非由於被保險人、船主或經理人缺乏適當注意所致)

(1)貨物或燃料於裝卸或移動中之意外事故。

(2)鍋爐破裂、軸桿斷裂、機器或船體之任何潛在瑕疵。

(3)船長、船員或領港人員之疏忽行為。

(4)修理人員或租船人之疏忽行為，但以其並非本保單之被保險人為限。

(5)船長、船員之惡意行為。

3.由於任何政府當局行使其權責，採取措施，防止或減輕直接由被保險船舶因承保險難受損所引起之汙染或威脅，所致船舶之毀損滅失。

4.四分之三之碰撞責任。（船舶撞及他船之責任）

5.共同海損及救助費用。

6.損失防止費用。

二、貨物保險

貨物保險由於保險人承保責任範圍之不同，保險單條款有(A)、(B)、(C)三種，詳細承保範圍如下表所示，以○代表承保，×代表不承保。

			(A)條款	(B)條款	(C)條款
承保之危險事故	可合理歸因於危險事故引起	火災或爆炸	○	○	○
		船舶或駁船之擱淺、觸礁、沉沒或傾覆	○	○	○
		陸上運輸工具之翻覆或出軌	○	○	○
		船舶或駁船或運輸工具與認和外在物體之碰撞或觸撞（除水以外）	○	○	○
		在避難港之卸貨	○	○	○
		地震、火山爆發或雷閃	○	○	×
	因危險事故引起	共同海損犧牲	○	○	○
		投棄	○	○	○
		波浪沖失	○	○	×
		海水、湖水或河水之侵入船舶、駁船、船艙、運輸工具、貨櫃、貨箱或儲貨處所	○	○	×
	任何貨件於裝卸船舶或駁船時落海或掉落之全損		○	○	×
	一切危險事故（除不保事項外）		○	×	×
	共同海損與救助費用		○	○	○

「雙方過失碰撞」條款所應負之責任額	○	○	○
損失防止費用	○	○	○
承保事故發生貨物轉運所生之費用	○	○	○

🏠 第六節　海上保險保單之類別 🏠

海上保險契約，又稱水險保單 (marine insurance policy)，其種類頗多。茲依據不同之分類標準，列舉如下：

一、依保險之標的分類

1. 船體保單 (hull policy)

承保各種類型之船舶，如貨輪、客輪、油輪、漁船、遊艇等，不僅指船舶之本體，並包括各種機器、設備及用具在內。運費保險通常附加於船體保單中，不另立保單。

2. 貨物保單 (cargo policy)

承保船舶所裝載之貨物。預期利益保險，通常包括於貨物保險金額中，亦無獨立之利益保單。

二、依保險之期間分類

1. 定期保單 (time policy)

又稱為時間保單，此乃承保一定時期內之危險，通常多為一年，以船舶保險為主。使投保人於一定時期內享有固定之保障，如船舶航行，可不必每次分別投保。

2. 航程保單 (voyage policy)

此乃承保一定航程內所有之危險，不問時間之長短，以貨物保險為主。船舶保險亦有使用航程保單者。

三、依保險價額確定與否分類

1. 定值（定價）保單 (valued policy)

即保險價額係由雙方事先約定，載於保單。如危險發生造成損失時，保險人按約定金額予以補償，船舶保單與貨物保單採用之。

2. 不定值（不定價）保單 (unvalued policy)

即保險價額不先確定，至危險發生之後，再計算其損失數額。其性質恰與定值保單相反。定值保單於標的遭受全損時，則投保者即能享有一定之補償，不必再行計算其損失，而不定值保單，則須覈實計算其損失。不定值保單適用於運費保險。

四、依船舶名稱確定與否分類

1. 指名保單 (named policy)

又稱為船名已知保單，乃指載貨船舶已經確定，並載明於保單者。即承保特定船舶行駛一定航線中所生之危險。

2. 不指名保單 (unnamed policy)

乃指載貨船舶未知，保單內僅載明船隻之限制條件，日後確知船名時被保險人應通知保險人。此種保單，通常即指下述之流動保單及合約保單而言。

五、依貨物之預約承保方式分類

1. 流動保單 (floating policy)

乃為以預約方式，在一約定之總保險金額範圍內，承保若干次運送貨物之保單。當每次貨物裝運時，由被保險人將船名、航程、貨物數量及保險金額，向保險人提出申報，保險人必須接受承保。但是載貨船舶之噸位、船齡及適航能力必須符合英國核保人員協會之規定。保險費以約定之總保險金額計算，先行繳納，俟後結算，多退少補。

此種保單又謂之為待通知保單 (to be declared/TBD policy)。

2. 合約保單 (open policy)

乃承保一定期間（通常一年），若干次貨物運送之保單。當事人預先訂立合約，規範每一運輸之各項細節。被保險人依照約定時間（每月或每季）向保險人申報已知船名之運輸，保險人憑以計收保費。此種保單之優點，在每次運貨時，不必分別投保，可節省時間人力，故頗為通行。

🏠 第七節　海上保險之保險費 🏠

海上保險之種類頗多，已如上述，其保險費之計算，自亦較其他保險為複雜。海上保險費之計算，以觀察法為準，憑核保人之經驗為之。其費率由船主、貨主或其代表之經紀人與保險人協議決定之。在決定船舶保險費率時，通常考慮下列各種因素：

1. 船舶性能

大部分海上航行船舶之建造，均經嚴格之監督，並經驗船協會定期實施檢查。不同驗船協會之檢查報告對費率之決定，每占極大分量。

2. 航行區域

航行區域險夷之差別甚大，危險地區航行之船舶，其費率自應相當提高。

3. 貿易種類

船舶所承運貨物之種類與船舶危險有關。通則是，散裝貨輪較乾貨輪之危險高。

4. 船舶所有權

此為一道德危險問題。相同形式之兩船，用於同一目的，航行同

一航線，可能由於船長航海紀錄與聲譽之不同，而適用兩種不同之費率。雖然財產之實質因素在計算費率時頗為重要，但人為因素亦往往有同等之重要性。

　　貨物保險保費之訂定，與保險條件、貨物之種類、性質、包裝、航程及船舶狀況等有密切關係。成品較原物料危險；單價貴及精密之物品保費高；包裝及貨櫃裝運之貨物危險較低；航程兩地國家其落後者危險性較高；船齡較老之船舶愈不能抵擋風浪作用。凡此，均是貨物保險之核保人決定費率之考慮因素。

第十五章

責任保險

🏠 第一節　責任保險之意義 🏠

　　責任保險，又稱第三者責任保險 (third-party liability insurance)，即被保險人依法對第三者負損害賠償責任時，由保險人任補償責任之保險。換言之，亦即被保險人為欲免除自己對第三者之損害賠償責任為目的所訂立之保險契約。故責任保險之性質，與上述之海上保險、火災保險及後述之人壽保險不同。就保險標的而言：責任保險之標的，為被保險人在法律上之損害賠償責任；而上述各種保險之標的，水火險為財產及利益，人壽保險為人之生命。就保險事故而言：責任保險一方須被保險人對於第三者依法應負賠償之責任，他方又須被保險人受賠償之請求，兩者缺一不可；而上述各種保險則較簡單，或為財物之毀損滅失，或為生命之生存死亡。再就保險目的而言：責任保險在填補因危險事故發生被保險人在法律上對第三者之損害賠償責任，而上述各種保險則在補償因危險事故發生所致被保險人自己財物或身體上所遭受之損失。

🏠 第二節　責任保險之標的 🏠

　　責任保險標的之損害賠償責任，其成立之要件有四：

💗 一、須為法律責任

　　責任保險所指之損害賠償責任，必須因法律而擔負者 (liability

imposed by law)，並非因契約而發生者 (liability assumed under contract)。因契約而發生之責任，固然可由法院強制實施而成為法律責任，但責任保險人所保者，以縱無該項契約存在時仍應由被保險人負賠償責任者為限。責任保險若要承保契約責任，必須有特約之規定。

二、須屬民事性質

損害賠償為《民法》上之規定，因被保險人之侵權行為 (tort)，國家對之並無懲處，僅促其對遭受損害之當事人負其賠償責任。此種責任，即為責任保險之標的。如被保險人因駕駛汽車而致人傷害，一方為破壞公法之行為，即犯罪行為 (crime)，過失致人傷害，被保險人應負刑事責任；他方受害人可依法要求賠償其所受之損害，被保險人又應負民事責任。責任保險僅對民事部分，由保險人負其責任。

三、須係過失行為

因被保險人之過失行為，使第三者遭受損害，對受害人應負賠償責任，所謂「無過失即無責任」，此乃《羅馬法》上之原則，迄今仍為各國《民法》之一般原則。因此，責任保險人之責任，以被保險人之過失行為為限；如屬出於被保險人之故意，則非屬責任保險之責任範圍。所謂過失，即行為人對於其行為，按情節應注意、能注意而不注意，或預見其能發生一定之結果而確信其不發生者是。可預見結果之發生，因欠缺注意而未預見時，固屬有過失；即預見有發生結果之可能並無意任其發生時，如因欠缺注意而發生結果者，亦為有過失。責任保險所承保者，固為過失行為，但無過失主義逐漸興起，因應辦法，由保險人以特約方式處理。

四、須有直接關係

被保險人之違法行為，必須為損害發生之近因 (proximate cause)，

即行為與損害結果必須具有因果關係。如其中介入另一獨立原因，其連續關係即告破壞。此種中間介入之原因，不論為自然力量或外人之他動行為，被保險人皆因之不負損害賠償責任。

🏠 第三節　責任保險之適用範圍 🏠

責任保險標的之過失責任，其適用之範圍，主要包括下列各項：

🐾 一、契約責任

責任保險之保險標的，原以法律責任為要件；但在契約責任觀念下，對他人所應負之損害賠償責任，亦可能因契約而發生。承攬人負擔定作人之賠償責任即為此例，如某城市鋪設紅磚人行道之營造業，市政府以契約規定在其作業過程中所致他人之損害，應由該營造業負責賠償。因此，原屬市政府之損害賠償責任，可由契約之訂立而移轉由營造業承擔。但此處所言之契約責任，在性質上指已經法律明訂，縱無契約之約束，承攬人依法仍應負責任者。

🐾 二、雇主責任

近代各國勞工補償法律雖已普遍採行，雇主對勞工擔負無過失之責任。但我國之雇主責任險所承保者，仍以雇主之過失為依據，雇主對於勞工須具有某種標準之注意，如有違反而致勞工於傷害者，保險人始負賠償之責。其標準通常包括下列各點：①雇主必須供給安全之工作場所，②雇主必須雇用適任其工作之工人，③雇主必須提示危險之警告，④雇主必須提供適當與安全之工具，⑤雇主必須訂立並實施受雇人之適當工作規則，如有關安全之工作程序。雇主若要投保無過失責任，必須另外約定。

三、業主及租戶之責任

業主（即建物之所有者）或租戶對於第三者進入其建築物或房屋之內部或附近者，必須予以某種程度之注意。注意程度之大小，因各人身分之不同而異，法律通常區分為下列三類：①被邀請者，②經許可者，③侵入者。對被邀請者所需之注意程度最高，對侵入者最低。惟近年一般趨勢，對上述分類並不嚴格加以區分，主要須視業主或租戶在各種情形下曾否具有適當之注意為斷。

四、產品責任

產品責任者，即製造商、批發商或零售商對其生產或經售之貨物，在處理或選擇時，必須具有合理之注意，並維持一定之標準。如因其產品之有缺點，而致他人身體或財物遭受損害時，提供之廠商或經銷商應負侵權賠償責任。

五、職業責任

職業責任主要可分為兩類：①非醫療專門職業責任，如律師、會計師、建築師、工程師、保險代理人與經紀人之責任，此等人經營業務之責任為不觸及人身體之危險責任。②醫療專業責任，如醫師、藥劑師、美容師之責任，於執行業務過程中必須接觸到人體之危險責任。上述之人於執行業務時，因過失、錯誤或疏漏而違反業務上應盡之責任引致其顧客受損害者，依法應負賠償責任。

六、雇傭人行為之責任

雇主對其雇傭人之行為應予負責，但必須具備兩項條件：①雇傭人之行為，必須在雇主授權範圍之內；②雇傭人之行為，必須在其本身工作範圍之內。雇主對雇傭人之行為，即使與其指示相違反，僅須雇傭人為雇主而工作，其所致第三人之損害，雇主應負過失責任。雇

主對雇傭人之行為，與其對承包商之行為，有其區別：前者不僅控制其行為，並指示其如何作為；後者則僅於其工作完成時給予報酬，並不控制其行為。因此，雇主對承包商之過失行為不負責任，但對雇傭人之疏忽行為應予負責。

七、汽車所有人及駕駛人之責任

在通常情形下，汽車所有人或駕駛人，在使用汽車時，必須具有合理之注意程度。有關此一方面之過失責任，主要有三種情形：①駕駛人之責任，②所有人因他人駕駛其車輛所發生過失之責任，③非所有人，如雇主因其雇傭人或代理人在工作範圍內，使用汽車所發生過失之責任。駕駛人駕駛汽車，因不注意而損害第三人之財產或身體，自應負賠償之責。至於汽車所有人對駕駛人之過失行為應否負賠償責任，主要應視其對駕駛人有無駕駛能力之認識為準，除非駕駛人有缺乏駕駛能力之證明，所有人應以無過失責任為原則。但有例外，如父母對未成年子女，雇主對於雇用人，因駕駛所有人之車輛而致第三人之損害，應負賠償責任。非汽車所有人對於其雇傭人或代理人之過失駕駛所致第三人之損害，亦可能須負賠償責任。我國《民法》第 188 條規定：受雇人因執行職務不法侵害他人之權利者，由雇用人與行為人連帶負損害賠償責任。

上述各種情形，所以說明過失責任之主要範圍。在現代社會中，過失責任之確定，雖其型式頗多，但其適用之原則，則不外如此。例如父母對未成年子女之過失行為，應負法律責任；受託人對受託財產之錯誤處理，應對其委託人負責；動物所有人對動物致人財物或身體之損害，應負賠償責任等皆是。

⌂ 第四節　責任保險契約之內容 ⌂

各種責任保險契約之內容，其性質有相同者，亦有個別特殊者。為謀經營上之方便，責任保險單內容分為共同基本條款以及分屬個別險種之基本條款。共同條款之主要者有下列：

第一項　承保範圍

無論何種型式之責任保險契約，其承保範圍包括下列三部分：

一、承保條款

責任保險單中，對於身體傷害責任及財產損毀責任，分別訂立條款。凡被保險人因過失行為對任何第三人意外所致之各種損害，包括身體傷害、疾病、以及因而發生之死亡，或財產損毀、滅失、以及因而喪失其使用價值，負有法律責任時，由保險人代為償付之。承保條款之內容，主要有下列三項：

(1)責任保險單中，通常規定保險人僅補償被保險人依法所應賠償之金額。

(2)對於何人有應予賠償之法律責任，並無限制。換言之，被保險人所傷害之人，貧富貴賤，本國人或外國人，神志清明或不清明，均非所問。

(3)責任保險承保被保險人之侵權行為所致責任。侵權行為含過失及故意，保險人僅對被保險人之過失侵權責任負責。若干非意外事故，如誹謗、污衊、脅迫、毆打等不在承保範圍之內。

二、抗辯、和解及附帶費用

責任保險單包括身體傷害及財物損毀兩種責任，通常在承保條款

內規定，保險人同意支付被保險人抗辯、和解及其他有關費用，例如因訴訟而發生之各種費用，及對受害人急救所必需之醫藥費用等。但被保險人因刑事責任被控訴時，其具保及因刑事訴訟所生之一切費用，保險人不負賠償之責。

三、被保險人之定義

被保險人乃保險所保障之人，必須明確規範。各類保單承保性質不一，對於被保險人之定義因而有別。責任保險單中，皆特別訂明所指之被保險人。如在企業廠商之責任保單中，包括全部合夥人、高級職員、董監事及企業代表人。在個人責任保單中，包括所有永久共同生活而同居之家屬。在各種責任保單中，皆可增加其他被保險人，僅須加繳適當之保險費即可。

第二項　不保事項

各種責任保險之不保事項，除適用個別險種之特別不保事項，規定於個別險種之條款外，責任保險之共同不保事項，主要有下列三項：

(1)被保險人經營或兼營非保險單所載明之業務，或執行未經主管機關許可之業務，或從事非法行為所致之損害賠償責任，不保在內。例如，企業責任保單中，非企業活動所引起者；個人責任保單中，因企業活動所引起者是。

(2)被保險人以契約或協議所承受之賠償責任。但縱無該項契約或協議存在時，仍應由被保險人負賠償責任者，不在此限。

(3)損害發生於被保險人自己所有或租用之財產，或在被保險人注意、保管或控制下之財產損失之賠償責任。

第三項　責任限制

在責任保險單中，皆有各種責任之限額。分為每一意外事故傷亡之保險金額，每一意外事故財產損失之保險金額以及保險期間內之保險金額。保險金額之大小，由要保人視實際需要與保費負擔能力與保險人洽訂之。每一意外事故傷亡下又另規定每一個人傷亡之保險金額。每一個人傷亡之保險金額，係指在任何一次意外事故內對每一個人傷亡個別所負之最高賠償責任而言，如在同一次意外事故內傷亡人數超過一人時，以每一意外事故傷亡之保險金額為限。每一意外事故財產損失之保險金額係指在任何一次意外事故內對所有受損財物所負之最高賠償責任。保險期間內之保險金額，係指在保險契約有效期間內，賠償請求次數超過一次時，承保公司所負之累積最高賠償責任。保險期間內累積賠款金額達到保險期間內之保險金額時，保險契約即告失效。

第四項　代位求償權

責任保險契約之保險人，對應付責任之第三者，皆有代位求償權。例如當被保險人因某種過失行為被認為應負法律責任，而被保險人為他人之雇傭人時，他人亦應對此事負責，或有他人因契約關係應承擔此一責任，則保險人於給付保險金額後，即代位取得被保險人對他人之求償權。

第五項　損失通知

責任保險之被保險人，在保險事故發生而有損害賠償責任時，應

立即儘速通知保險人，使能迅速蒐集證據調查事實，並作必要之抗辯準備。被保險人於受害人提出賠償請求或訴訟時，亦須將收到之通知、傳票或其他文件，速即轉知保險人。被保險人並應盡量與保險人保持合作，從事抗辯、應訊、作證、邀請證人及進行調解等工作。

🏠 第五節　責任保險業務之種類 🏠

責任保險業務之種類，各國不同。一般以承保因過失侵權行為所致損害賠償責任居多（少數場合亦有承保契約責任者）。亦即責任保險承保被保險人或其受僱人之過失侵權行為所致第三人身體傷害或財物損失，依法應由被保險人負賠償責任，而受賠償請求時，由保險人對被保險人負賠償之責，以此為主要。保險人配合各種過失侵權行為所致賠償責任危險而設計開辦各種不同之責任保險。我國保險市場之責任保險有下列數種，有屬於企業之責任保險，有適用於個人之責任保險，亦有專門職業使用之職業責任保險。汽車所致責任，不列在本範圍，而併入汽車保險處理。

🐚 一、公共意外責任保險

承保被保險人營業處所之建築物、通道、機器或其他工作物，因設置、保管或管理有欠缺或其受僱人在執行職務之過失，致進入處所內或在其附近之第三人遭受傷亡或財物受損依法應負之賠償責任。本保險以企業經營者為對象，不承保與經營業務無關之個人意外責任。

🐚 二、產品責任保險

承保被保險人提供之產品，因該產品之缺陷而引起意外事故，致第三人（產品使用人或其他第三人）遭受身體傷害或財物損失，依法應負之賠償責任。而產品有缺陷可能由於被保險人或其受僱人在產品

設計、製造、包裝、使用說明或儲運方面有過失所致。產品之生產、裝配、經銷及進口等經營者，都可以是本保險之被保險人。

三、雇主意外責任保險

承保被保險人之受雇人在執行職務時發生意外傷亡，被保險人依法應負之賠償責任。本保險以過失法為依據，但於加費並特別約明後，亦可承保《勞動基準法》所訂之雇主責任。

四、電梯意外責任保險

承保被保險人所有、使用或管理之電梯發生意外事故，致乘坐或出入電梯之人傷亡或財損，依法應負之賠償責任。

五、營繕承包人責任保險

承保被保險人（即承攬人）在保險單載明之施工處所內因執行承包之營繕業務發生意外事故，致第三人傷亡或財損，依法應負之賠償責任。

六、意外汙染責任保險

承保被保險人之工廠在製造生產中或產品原料在運輸途中，發生突發而不可預料之汙染事故，致第三人傷亡或財損，依法應負之賠償責任。

七、高爾夫球員責任保險

被保險人因參加高爾夫球員運動或比賽，發生意外事故致第三人傷亡或財損，依法應負之賠償責任。承保範圍並擴大包括球具衣李損失、球童醫藥費用及「一桿進洞」獎金給付，為一綜合性保險。

八、綜合責任保險

本保險以公共意外責任保險為其基礎，自動加保電梯意外責任、在被保險人處所內發生之產品責任（如大飯店供應之食品飲料），以及保險單未列舉不保之其他法律責任為承保範圍，另被保險人可視實際需要加保雇主意外責任、營繕承包人責任、產品責任、意外汙染責任，

其中一種或一種以上，成為一綜合性之保險單。

九、醫師業務責任保險

本保險與下述之律師、會計師責任保險均屬於專門職業責任保險 (professional liability insurance)，與前述各種責任保險屬於「一般責任保險」(general liability insurance) 在性質上有所區別。醫師業務責任保險係承保執業醫師因過失、錯誤或疏漏直接引致病人傷亡依法應負之賠償責任。

十、律師責任保險

律師責任保險係承保執業律師因過失、錯誤或疏漏致第三人（委託人）遭受財務損失，依法應負之賠償責任。

十一、會計師責任保險

會計師責任保險係承保執業會計師（即被保險人）因過失、錯誤或疏漏致第三人（委託人）遭受財務損失，依法應負之賠償責任。

第六節　責任保險之保險費

責任保險之業務種類甚多，性質差異，故在保險費計算時，其計算依據各有不同。

一、公共意外責任保險

公共意外責任保險之保險費計算，因所承保者為被保險人之營業處所設置及營業行為所致，其可能引致之責任與營業額或薪資總額有直接關聯，因此，其保費計算以企業之營業額或是薪資總額為基礎。但在我國則是依營業處所之使用性質先按承保對象分為甲、乙、丙三類，分別訂出基本保額之基本保費，再予各項加費。加費項目有面積加費、受雇人數加費、危險性設施加費與危險物品加費。

二、產品責任保險

產品責任保險之保費計算，係以被保險產品於保險有效期間之實際銷售金額乘以費率而得。費率依據所承保對象經營業務之性質不同有所差異，生產者、製造、裝配、加工工廠之保險費率，較批發商、經銷商、零售商為高。承保時，依據被保險人過去銷售情形預估一金額，計算預收保費，保險期間屆滿再予調整。

三、雇主意外責任保險

雇主意外責任保險之保費計算，係以被保險人之受雇人在保險期間內所領全年度之薪資總額，乘以一定之費率而得。此費率是按被保險人隸屬之行業加以核訂。我國保險市場，將所有行業分為三大類承保對象，分別訂定基本費率。承保前，由雇主提供所雇用人數及薪資金額計算保費，保險期間屆滿再予調整。

四、電梯意外責任保險

電梯意外責任保險之保費計算，係按每部以一定基本保額為基礎，依承保對象分別訂出之基本保費計算而得。如樓層數及載客負荷量超過一定標準者，另予加費。我國保險市場依建築物之使用性質，將承保對象分為甲、乙、丙三類。

五、營繕承包人責任保險

營繕承包人責任保險之保險費計算，一般依工程或工作之性質分類釐訂保險費率，以工程價額或工作報酬作為計算保費之基礎。然考慮工程或工作之性質或種類有相當之差異，不易精確釐訂費率，本保險亦有採按基本責任額訂定基本保費，再以工程建築物高度、工程施工使用危險物品及承包特殊工程如道路、橋樑、隧道、水壩、管線為加費規定予以加費。我國保險市場即採用後者計算保費。

六、意外汙染責任保險

　　意外汙染責任保險費之計算，依基本責任額訂定基本保費，再斟酌被保險人經營業務種類、廠區設備範圍及面積、原料及產品是否具有汙染危險以及廠區設備四周之環境予以加費。

七、高爾夫球員責任保險

　　高爾夫球員責任保險費之計算，以不同組合之責任金額不同保費計收。附加衣李、球具損失或其他項目者，另予加費。

八、綜合責任保險

　　由於本保險之承保內容為其他一般責任保險之總合，原則上其保費之計算亦為集合個別險種保費之和，但予多項投保折扣優待。本保險具有承保之基本範圍，因此保費計算以基本費率為基礎，加上附加險之費率考慮多項投保折扣而得。

九、醫師業務責任保險

　　醫師業務責任保險將承保對象依其執行醫療業務科別分為甲、乙、丙三類，在基本保險責任額下，每類分別訂定基本保費。

十、律師責任保險

　　本保險所承保者除被保險人本人之行為外，尚包括被保險人之合夥人以及為其助理執行業務之受雇人之過失、錯誤或疏漏行為，因此助理人員、高級職員及其他員工人數亦為保費計算之依據。本保險因開辦不久，統計資料有限，缺乏精算數據。其保費計算採先設定一保險金額為其基本保額，基本保額下以固定之保費基數加執業律師每人一定保費金額按人數計算之保費，加助理人員及高級職員每人一定保費金額按人數計算之保費，再加其他員工每人一定保費金額按人數計算之保費而得。

十一、會計師責任保險

　　本保險保費計算考慮之因素及計算方法與律師責任保險同，請予參照。

第十六章

汽車保險

🏠 第一節　汽車保險之意義 🏠

汽車在吾人日常生活中，已為不可或缺之交通及運輸工具，一方面固對近代物資文明有莫大貢獻，但在另一方面則因汽車之增加，為人類社會帶來無數生命財產之損失。雖然，近年來汽車安全設施之改善與駕駛技術之進步，足以預防損失之發生，但並不能使此種危險完全消失，僅能減免一部分事故之發生而已。且在經濟上，車禍所造成車輛本身之毀損滅失，以及對第三人之損害賠償責任，往往為多數汽車所有人或駕駛人所不能或不願自己承擔，因而汽車保險之需要，日見其重要。

汽車保險之主要內容，包括兩部分：一為汽車損失險，其保險標的包括汽車車身及引擎合成之車輛；一為汽車責任險，其保險標的乃指由於汽車之使用，致他人之身體或財物遭受損害時，依法應負之賠償責任。

為因應不同之需要，各國有不同之保單及處理方式。汽車損失險保單有將汽車碰撞傾覆危險單獨承保，而將其他危險所致汽車損失另以綜合損失險承保者；亦有將汽車損失分為竊盜損失及車體損失兩部分者。我國汽車損失保險採用後者，分為汽車車體損失保險及汽車竊盜損失保險。汽車責任保險在我國則有強制汽車責任保險及任意汽車責任保險。凡是汽車即必須投保強制汽車責任保險，但可選擇是否加

保任意汽車責任保險。強制汽車責任保險依強制汽車責任保險法之規
定辦理，採無過失責任制度。凡是汽車交通事故致受害之乘客、車外
之人都得以受到本保險之保障。本保險以列舉式定額給付，給付項目
為醫療費用、殘廢及死亡給付三項，給付標準由政府主管機關視經濟
發展情況及每年經營結果決定之。關於本保險之不保事項及保費計算
方式，詳見本章後述。

🏠 第二節　汽車保險之危險事故 🏠

第一項　汽車車體損失保險

　　汽車車體損失保險之承保範圍，我國保險市場推出甲式、乙式、
丙式等條款供被保險人選擇適用。不同條款代表不同承保範圍，保費
負擔因而有別。綜言之，其危險事故有：

🐞 一、碰撞或傾覆

　　不論此種危險事故之發生，或因出於外來原因，或因機器損壞，
或因使用陳舊，保險人皆負補償責任。碰撞指本車或本車裝載物與他
車或他車裝載物及他車以外物體之強而有力之觸撞。傾覆指汽車車身
旁立或以頂為底四輪朝天。

🐞 二、火　災

外來火燒或自身發火均包括在內。

🐞 三、閃電或雷擊

　　雖然現今汽車工業進步，因閃電雷擊而致汽車損失已不多見，但
因此項危險所致損失，保險人仍應負責。

四、爆　炸

無論外來或汽車本身之爆炸均包括在內。

五、拋擲物或墜落物

石頭或飛球為拋擲物，落石或其他由空中落下之物為墜落物，所致汽車之損失保險人負責。

六、第三者之非善意行為

如汽車停放遭他人刮傷或敲擊車燈、玻璃、車體等行為所致之損失。

七、颱風、洪水、地震、罷工、暴亂

通常因此項危險事故所致之損失，除在保險單中有特約加保者外，保險人皆不負責。

第二項　汽車竊盜損失保險

我國汽車竊盜損失保險之承保範圍，依保險單之規定，為被保險汽車因遭受偷竊、搶奪、強盜所致之毀損滅失。因此汽車竊盜損失保險之保險事故為偷竊、搶奪、強盜。依我國《刑法》，竊盜為意圖為自己或第三人不法之所有而竊取他人之動產。偷竊即竊盜，其意同。搶奪即意圖為自己或第三人不法之所有而搶取他人之動產。而強盜為意圖為自己或第三人不法之所有，以強暴、脅迫、藥劑、催眠術或他法，致使不能抗拒，而取他人之物，或使其交付。汽車竊盜損失保險不保汽車零配件單獨失竊之損失，若有需要，可於汽車竊盜損失險另加保零配件被竊損失險以得到保障。

第三項　汽車責任保險

　　汽車發生意外事故，對受害人因傷害所帶來不安之影響頗鉅，進而擾及社會安定。有鑑於此，政府特立法規定汽車必須依法投保強制汽車責任保險，藉由本保險，使汽車交通事故之受害人，迅速獲得基本保障。但因諸多因素之考慮，強制汽車責任保險僅對身體傷害賠償，不及於財產責任，且定額處理。因此，商業保險人另推出任意汽車責任保險以應市場需要。執是，我國汽車責任保險分成強制汽車責任保險與任意投保之汽車第三人責任保險。強制汽車責任保險之保險事故，保單條款規定，為被保險汽車發生交通事故，受害人遭受體傷、殘廢或死亡時不論被保險人有無過失之賠償責任。汽車第三人責任保險之保險事故，保單條款規定，為被保險汽車發生意外事故，致第三人受有身體傷害或財物損害，被保險人依法應負賠償責任，而受賠償請求時之給付責任，此責任為過失責任。此外，若被保險人所為有關責任抗辯發生之費用，汽車第三人責任保險人亦予負責。又汽車必投保強制汽車責任保險，因此，汽車第三人責任保險承負之責任，以超過強制汽車責任保險保險金額以上之部分為限。

🏠 第三節　汽車保險單之內容 🏠

第一項　被保險人之範圍

　　汽車保險之被保險人，由於在常情上汽車之使用非僅限於被保險人本人，其解釋必須較為寬大以符需要。除保險單中所載明之被保險人，稱為列名被保險人 (named insured) 外，並包括與其同居之家屬、

親戚或其他經列名被保險人許可使用之人等，稱為附加被保險人 (additional insured)。列名被保險人指保險契約所載明之被保險人包括個人或團體，定義明確。附加被保險人則於汽車損失保險與汽車責任保險之保單中有不同規定。自用汽車損失保險之附加被保險人指①列名被保險人之配偶、其同居家屬、四親等血親及三親等姻親。②列名被保險人所雇用之駕駛人及所屬之業務使用人。③經保險人同意之列名使用人。營業用汽車損失保險之附加被保險人指①列名被保險人所雇用之駕駛人及所屬之業務使用人。②於法律上對被保險汽車之使用應負責任之人。汽車第三人責任保險於自用汽車之附加被保險人為①列名被保險人之配偶及其同居家屬。②列名被保險人所雇用之駕駛人及所屬之業務使用人。③經列名被保險人許可使用或管理被保險汽車之人。汽車第三人責任保險於營業用汽車之附加被保險人為①列名被保險人所雇用之駕駛人及所屬之業務使用人。②經列名被保險人許可使用或管理被保險汽車之人。③於法律上對被保險汽車之使用應負責任之人。至於強制汽車責任保險之被保險人，則除保單所載列名被保險人外，尚包括其他經要保人同意使用或管理被保險汽車之人。至於未經要保人同意使用被保險汽車而致交通事故之情形，則由配合強制汽車責任保險推出所設置之特別補償基金，對受害人補償。事後特別補償基金得代位行使受害人對加害人之請求權。

第二項　保險標的

汽車保險所承保之汽車，係指車身及引擎合成之車輛，或包括其拖車整體而言。我國汽車保險單條款規定，被保險汽車係指保險契約所載之汽車，並包括原汽車製造廠商固定裝置於車上且包括在售價中

之零件及配件。但①汽車電話。②固定車內之視聽裝置。③衛星導航系統。④非原汽車製造廠商裝置,且不包括在售價中之其他設備。若未經被保險人聲明加保者,不視為承保之零件或配件。被保險汽車依規定附掛拖車者 ,則①於發生汽車責任保險承保範圍內之賠償責任時,視為同一被保險汽車。但該拖車已與被保險汽車分離時,則不視為被保險汽車。②於發生汽車損失保險時,除經特別聲明並加保者外,被保險汽車不包括該拖車。

第三項　不保事項

汽車保單中,無論汽車損失險或責任險,皆有不保事項之規定,有共同不保者,亦有分屬各保單之不保事項。擇其主要敘述於下。

一、共同不保事項

1. 由於非常危險事故所致者

如因戰爭或類似戰爭行為、叛亂、內戰、軍事訓練或政府機關之徵用、充公、沒收、扣押或破壞所致者是。此外,因核子反應、核子能輻射或放射性汙染所致者,保險人亦不負補償之責。至於因罷工、暴動或民眾騷擾所致者,原則上亦不在承保之列,但汽車損失險經特別約定者,則不在此限。

2. 由於道德危險因素引起危險事故發生所致者

如被保險人,或被保險汽車使用人、管理人或駕駛人之故意或唆使之行為所致者,保險人不負賠償之責。

3. 由於違法行為所致者

如被保險人因吸毒、服用安非他命、大麻、海洛因、鴉片或服用、施打其他違禁藥物,及酗酒駕駛被保險汽車所致者,及從事犯罪或唆

使犯罪或逃避合法逮捕之行為所致者是。

4.**由於未經列名被保險人許可或無照或越級（含駕照吊扣、吊銷期間）駕駛被保險汽車所致者**

5.**由於汽車之使用不符原性質所致者**

　如自用汽車之用於出租與人或作收受報酬載運乘客或貨物等類似行為所致者。但得經特別約定後加保。

二、任意汽車第三人責任保險不保事項

(1)因尚未裝載於被保險汽車或已自被保險汽車卸下之貨物所引起之任何賠償責任，但在被保險汽車裝貨卸貨所發生者，不在此限。

(2)乘坐或上下被保險汽車之人死亡或受有體傷或其財物受有損失所致之賠償責任。

(3)被保險人、使用或管理被保險汽車之人、駕駛被保險汽車之人、被保險人或駕駛人之同居家屬及其執行職務中之受雇人死亡或有體傷所致之賠償責任。

(4)被保險人、使用或管理被保險汽車之人、駕駛被保險汽車之人、被保險人或駕駛人之同居家屬及其執行職務中之受雇人所有、使用、租用、保管或管理之財物受有損害所致之賠償責任。

(5)被保險汽車因其本身及其裝載之重量或震動，以致橋樑、道路或計量臺受有損害所致之賠償責任。

(6)被保險汽車因汽車修理、停車場（包括代客停車）、加油站、汽車經銷商或汽車運輸等業在其受託業務期間所致之賠償責任。

　因下列事項所致之賠償責任，非經保險人書面同意加保者外，保險人亦不負賠償之責：

⑴被保險人以契約或協議所承認或允諾之賠償責任。

⑵被保險汽車除曳引車外，拖掛其他汽車期間所致者。

三、汽車車體損失保險不保事項

⑴被保險人因被保險汽車之毀損滅失所致之附帶損失包括貶值及不能使用之損失。

⑵被保險汽車因窳舊、腐蝕、鏽垢或自然耗損之毀損。

⑶非因外來意外事故直接所致機件損壞或電器及機械之故障，或因底盤碰撞致漏油、漏水所衍生之毀損滅失。

⑷置存於被保險汽車內之衣物、用品、工具、未固定裝置於車上之零件或配件之毀損滅失。

⑸輪胎、備胎（包括內胎、外胎、鋼圈及輪帽）單獨毀損或受第三人之惡意破壞所致之毀損滅失。

⑹被保險汽車因竊盜損失險所承保事故所致之毀損滅失。

⑺被保險汽車於發生肇事後逃逸，其肇事所致之毀損滅失。

⑻第三者之非善意行為或不明原因所致之毀損滅失，但只限保單未承保第三者之非善意行為時適用。

因下列事項所致被保險汽車之毀損滅失，非經保險人書面同意加保者外，保險人亦不負賠償之責：

⑴被保險汽車在租賃、出售、附條件買賣、出質、留置權等債務關係存續期間所發生之毀損滅失。

⑵被保險汽車因颱風、地震、海嘯、冰雹、洪水或因積水所致之毀損滅失。

四、汽車竊盜損失保險不保事項

⑴被保險人因被保險汽車之毀損滅失所致之附帶損失（包括貶值

　　及不能使用之損失)。

(2)被保險汽車因窳舊、腐蝕、鏽垢或自然耗損之毀損。

(3)非因外來意外事故直接所致機件損壞、或電器及機械之故障。

(4)置存於被保險汽車內之衣物、用品、工具、未固定裝置於車上之零件或配件之毀損滅失。

(5)輪胎、備胎(包括內胎、外胎、鋼圈及輪帽)非與被保險汽車同時被竊所致之損失。

(6)被保險汽車因被保險人之同居家屬、受雇人或被許可使用之人或管理之人等竊盜、侵占行為所致之毀損滅失。

(7)被保險汽車因汽車車體損失險所承保事故所致之毀損滅失。

　　因下列事項所致被保險汽車之毀損滅失，非經保險人書面同意加保者外，保險人亦不負賠償之責：

(1)裝置於被保險汽車之零件、配件非與被保險汽車同時被竊所致之損失。

(2)被保險汽車在租賃、出售、附條件買賣、出質、留置權等債務關係存續期間所發生之毀損滅失。

🐌 五、強制汽車責任保險不保事項

　　強制汽車責任保險推出之目的在保護交通事故之受害人。因此，除受害人或受益人有違法行為，如受害人或受益人與被保險人或加害人串通之行為、受害人或受益人之故意行為、受害人或受益人從事犯罪之行為，否則本保險即應予受害人保險給付。但為維護公序良俗，本保險於下列情事對受害人給付後，得在給付金額範圍內，向加害人求償：

(1)酒醉或吸食毒品、迷幻藥而駕車者。

(2)從事犯罪行為或逃避合法拘捕所致者。

(3)自殺或故意行為所致者。

(4)違反《道路交通管理處罰條例》第 21 條之規定而駕車者。

在此所稱酒醉係指飲酒後吐氣所含酒精成分超過每公升 0.25 毫克以上；及領照未滿兩年、職業駕照或未領駕照而駕駛汽車者，每公升 0.15 毫克以上；或血液中酒精濃度超過 0.05% 以上。所稱毒品或迷幻藥係指吸食、注射或服用鴉片、海洛因、安非他命、古柯鹼、大麻、迷幻藥品或其他違禁藥物而駕車者；違反《道路交通管理處罰條例》第 21 條之規定係指無照駕駛、越級駕駛、使用註銷駕照駕車、駕照吊扣期間駕車等行為。

第四項　自負額之設置

經驗顯示，被保險汽車發生意外事故而遭損或被保險人須承負賠償之責，常因被保險人之疏於注意所致，若被保險人增加防範意識必能減少事故發生。因此，汽車保險單有自負額之規定，以提高被保險人警惕之心。我國汽車之車體損失保險以及竊盜損失保險均設自負額。車體損失險採一定金額方式，竊盜損失險則按一定比例處理，對於每次事故發生造成之損失，保險人僅於超過自負額之部分負賠償之責。

第五項　理賠手續

被保險汽車遇有保險契約承保範圍內之賠償責任或毀損滅失時，要保人、被保險人或受益人應立即通知保險人及當地憲兵或警察機關處理，並於五日內填妥出險通知書送交保險人。被保險汽車在保險事故發生時，其所受之毀損，除必須之緊急修理費用及正當之保護或移

送費用外，非經保險人派員勘查並同意，不得逕自修理後向保險人索取墊款。被保險汽車被竊時，亦不得承諾或給付尋回原車之任何報酬，否則被保險人自行負其給付責任。

　　被保險汽車之毀損，如屬汽車損失險所承保之範圍，保險人在保險金額限度內，可自由選擇對其全部或一部加以修復，或以實物或現金補償。又被保險汽車被竊時，自被保險人通知之日起，經過一定期間（我國規定為三十天）而未能尋獲者，保險人應按被竊車輛損失當時之實際價值予以補償，但仍以保險金額為限。

　　被保險汽車之責任險，對第三人之損害賠償責任，自應以法院確定之判決或保險人認可之和解書為準。除對第三人體傷必須之急救費用外，非經保險人書面同意，被保險人不得擅自承認、要約、允諾或給付賠償金。

　　在汽車保險事故發生時，倘被保險人有對第三人求償之權利，保險人於給付保險金後，得就補償金額範圍內，行使代位求償權。

🏠 第四節　汽車保險之種類 🏠

　　汽車以其使用目的分自用汽車及營業汽車。自用汽車指機關、團體、公司行號或個人自用而非經營客貨運輸之車輛；營業汽車指以經營客貨運輸為營業之車輛。我國汽車保險之種類亦以此為主要分類基礎，分為自用汽車保險與營業汽車保險。概述如下：

一、自用汽車保險

　　自用汽車保險包括自用汽車損失保險與自用汽車責任保險兩種。

㈠自用汽車損失保險

　　自用汽車損失保險又分為車體損失保險與汽車竊盜損失保險。

1.車體損失保險

承保被保險汽車由於保險事故，所致汽車本體之損失。依照承保事故之範圍大小，我國汽車保險市場推出車體損失保險甲式條款、乙式條款及丙式條款。

(1)車體損失保險甲式條款：承保被保險汽車於保險期間，因下列危險事故所致之毀損滅失：

a.碰撞、傾覆。

b.火災。

c.閃電、雷擊。

d.爆炸。

e.拋擲物或墜落物。

f.第三者之非善意行為。

g.不屬保險契約特別載明為不保事項之任何其他原因。

(2)車體損失保險乙式條款：承保被保險汽車於保險期間，因下列危險事故所致之毀損滅失：

a.碰撞、傾覆。

b.火災。

c.閃電、雷擊。

d.爆炸。

e.拋擲物或墜落物。

(3)免自負額車對車碰撞損失保險（又稱丙式條款）：承保被保險汽車於保險期間，因與車輛發生碰撞、擦撞所致之毀損滅失，在確認事故之對方車輛後，由保險人對被保險人負賠償之責。本保險無自負額之規定。

2.汽車竊盜損失保險

　　承保被保險汽車因遭受偷竊、搶奪、強盜所致之毀損滅失。但輪胎、備胎及裝置於被保險汽車之零件、配件非與被保險汽車同時被竊所致之損失，保險人不負賠償之責。

(二)自用汽車責任保險

　　在此指汽車第三人責任保險。承保之責任分為傷害責任及財損責任。

1.傷害責任險

　　對被保險人因所有、使用或管理被保險汽車發生意外事故，致第三人死亡或受有體傷，依法應負賠償責任而受賠償請求時，保險人於超過強制汽車責任保險金額以上之部分負賠償之責。

2.財損責任險

　　對被保險人因所有、使用或管理被保險汽車發生意外事故，致第三人財物受有損害，依法應負賠償責任而受賠償請求時，保險人負賠償之責。

二、營業汽車保險

　　營業汽車保險亦包括營業汽車損失保險與營業汽車責任保險兩種。

(一)營業汽車損失保險

　　營業汽車損失保險又分為車體損失保險與汽車竊盜損失保險。

1.車體損失保險

　　我國汽車保險市場推出者有車體損失保險甲式條款與乙式條款。

　　(1)車體損失保險甲式條款：承保內容與自用汽車車體損失保險甲式條款同。

(2)車體損失保險乙式條款：承保內容與自用汽車車體損失保險乙

　　式條款同。

2.汽車竊盜損失保險

承保內容與自用汽車竊盜損失保險同。

㈡營業汽車責任保險

承保被保險人因所有、使用或管理被保險汽車所致責任。有汽車第三人責任保險、旅客責任保險、雇主責任保險與汽車貨物運送人責任保險，但汽車貨物運送人責任保險以批單之方式附加於營業貨車保險。

1.汽車第三人責任保險

承保內容與自用汽車第三人責任保險同。

2.旅客責任保險

承保被保險汽車發生意外，致依約定給付對價搭乘被保險汽車之旅客遭受身體傷害、殘障或死亡，被保險人依法應負之賠償責任。

3.雇主責任保險

承保被保險人雇用之駕駛員、隨車服務及隨車執行職務之人，因被保險汽車發生意外事故或因隨車執行職務發生事故，受有體傷、殘障或死亡，被保險人依勞動基準法或其他相關法規應負之賠償責任。

🏠 第五節　汽車保險之附加保險 🏠

汽車保險單之內容，其主要規定已見上述。惟為配合被保險人之特殊需要，可以特約批單附加之方式，予以處理。

一、汽車損失保險之附加險

(1)颱風、地震、海嘯、冰雹、洪水或因雨積水險。

(2)罷工、暴動、民眾騷擾險。

(3)汽車之零件、配件非與被保險汽車同時被竊所致損失險。

(4)汽車失竊期間被保險人代車費用險。

二、汽車責任保險之附加險

(1)汽車發生意外事故，致乘客死亡、殘障或受有體傷，對於被保險人應負之賠償責任予以賠償之汽車乘客責任險。此之乘客包括汽車駕駛人。

(2)汽、機車發生單一交通事故，致駕駛人本人死亡、殘障或受有體傷時保險人負給付責任之汽、機車駕駛附加傷害保險。

(3)被保險人因受酒類影響駕駛被保險汽車，致第三人身體傷害或財物損失，依法應予賠償之汽車第三人責任保險駕駛人受酒類影響附加險。本附加險由保險人直接賠償事故受害之請求權人；若酗酒駕車肇事經法院判決違反公共危險罪者（酒後吐氣酒精成分每公升 0.55 毫克以上），保險人給付後得請求被保險人返還之。

(4)營業用汽車所承運之貨物或貨櫃，於運送途中發生意外事故，致損毀或滅失，被保險人應負之賠償責任，由保險人負責賠償之汽車貨物運送人責任險。

第六節　汽車保險之保險費

保險費之計算徵收必須合理，除了顧及整體需要依據大數法則計算而得外，尚應注意個別保費之公正性及損害預防之誘導性。講求公正在使被保險人所交之保險費與保險人對其危險所負之責任，彼此相當；兼顧損害預防之誘導，在使保險機能與損害預防措施相連結，以

減少保險事故發生之次數。汽車保險契約乃典型之從人保險契約，不同被保險人對事故發生具不同之預防態度而產生不同之危險結果。因此汽車保險費之計算，固須考慮從車之差別外，亦應以被保險人身分及過去投保之經驗作為從人依據之標準。

一、車體損失保險費計算公式

個人使用：保險費＝基本保費 × 被保險汽車製造年度及費率代號係數 × 從人因素係數

基本保費為依過去經驗，每一汽車應分擔之平均保費。

被保險汽車製造年度及費率代號係數為汽車不同廠牌、用途、車齡及損失情況之綜合考慮，此為從車因素。從人因素包括性別、年齡係數及賠款紀錄係數。男性之係數較女性高，亦即較為危險；年齡在三十至六十歲危險最低，未滿二十歲係數最高；賠款紀錄係數以過去三年之紀錄為標準，依點數計算，再轉換為係數。無賠款年度點數為負，賠款點數為正，按賠款次數增加點數。

法人使用：保險費＝基本保費 × 被保險汽車製造年度及費率代號係數 ×（1＋賠款紀錄係數）

二、竊盜損失保險費計算公式

保險費＝被保險汽車製造年度之重置價值 × 基本費率 × 被保險汽車製造年度及費率代號係數

被保險汽車製造年度之重置價值指被保險汽車在投保當時新購置之車價；基本費率乃按過去損失經驗求得之損失機率；被保險汽車製造年度及費率代號係數指不同汽車廠牌、型式、用途、折舊率及失竊情況之綜合考慮。

三、第三人責任保險費計算公式

個人使用：保險費＝基本保費×從人因素係數

基本保費為依過去經驗，每一責任組合之平均保費。從人因素係數之年齡性別係數與車體損失保險之規定相同。但賠款紀錄係數則採賠款紀錄等級方式處理，等級愈高，賠款紀錄係數愈大。首次投保之被保險人，其等級定為第四級，對應係數為 0.00，被保險人續保時之等級則按前一年之等級調整。前一年度無理賠紀錄之被保險人，續保時之等級降一級，即係數減 0.1；有理賠紀錄者，每理賠一次，等級加三級，即係數加 0.3；最低等級為一，係數為 –0.3，最高等級為十九，係數為 1.5。

法人使用：保險費＝基本保費×（１＋賠款紀錄係數）

四、強制汽車責任保險費計算公式

保險費

$$=\frac{基本純保費×(年齡性別係數＋違規肇事紀錄等級係數-1)＋業務管理費用＋健全本保險之費用}{1－特別補償基金提撥率－安定基金提存率}$$

基本純保費為依過去經驗計算求得之賠償準備。年齡性別係數與第三人責任保險意義相同，但因本保險計算理賠損失採無過失責任制，而第三人責任保險以過失責任為計算基礎，因此兩者係數不同。違規肇事紀錄等級係數指被保險人之賠款紀錄等級係數，與第三人責任保險相似。新保單起保以第四級計算，續保時若前一年無賠款紀錄，依係數表降低一級，減費 18%；有賠款紀錄者，每次賠款提高三級，加費 30%。業務管理費用為保險業代辦本保險所需之各種手續費。健全本保險之費用為業務研究發展之費用。特別補償基金提撥率為挹注本基金所應分擔之金額比率，本基金在對於因交通事故未能向本保險求償者，給予補償。安定基金提存率為確保保險人之清償能力，保障被

　　保險人之權益，於保險業所設置之安定基金中，本保險應提存之比率。

　　以上保費計算公式之各項數字或比率，依照《強制汽車責任保險法》之規定，由金管會與交通部共同訂定。

第十七章

人壽保險

🏠 第一節　人壽保險之意義 🏠

　　人壽保險，簡稱壽險，以人類生命為保險之標的，以人之生存或死亡為保險事故，於事故發生時，由保險人給付一定金額之保險契約。此種保險，可使被保險人專心致力於其事業之發展，而毋庸顧及身後家屬之生計，以及個人老年之生活。又被保險人於加入保險後，須按期繳納保險費，因而可養成平時節約儲蓄之美德。故歐、美、日本諸國，人壽保險業務，遠駕於其他保險之上，亦可見其受重視之一斑。

　　人壽保險與財產保險不同，財產保險必須有財產始能投保，其對象以有資產者為限。人壽保險則任何人皆有死亡或年老之一日，故其對象較為普遍。其次，財產保險之目的，在保障本人經濟生活之安定，而人壽保險，尤其死亡保險，完全為他人之利益而投保。再者，人壽保險契約之期間較長，而財產保險通常皆為一年之短期保險。此外，財產保險之保險費，依危險大小而不同，而人壽保險則每將晚年所需增加之保險費，提前於早年繳納，而使每期保險費之負擔相同，故其兼具儲蓄性質。因此，人壽保險之本質，與財產保險頗不一致。此外，面對通貨膨脹、貨幣購買力降低之趨勢，今日保險市場且推出可變動保險金額之人壽保險商品（俗稱投資型保險），以應被保險人多樣化選擇之需。此亦為人壽保險與財產保險差異之處。

🏠 第二節　人壽保險之種類 🏠

第一項　普通人壽保險

各國人壽保險事業，無不發展迅速。其主要原因，經營者為求營業收益之增加，並使能適合於任何階層或任何個人之需要。由是人壽保險之種類，日見增加。茲就普通人壽保險中，擇其重要者舉述如下：

🦋 一、依保險事故為分類標準

1. **死亡保險 (mortality insurance)**

即以生命之死亡為保險事故，在事故發生時，由保險人負給付一定金額之保險。通常又分為終身保險與定期保險兩種。

 (1)終身保險 (whole life insurance)：即保險契約中並不規定期限，自契約有效之日起，至被保險人死亡為止。保險金之給付，即以被保險人之死亡為條件。此種保險之目的，在求家屬生活之保障，使被保險人死後，遺屬生活可以確保無憂。其保費之繳付，通常多採平準保險費辦法，自始至終，負擔確定不變。

 (2)定期保險 (term insurance)：即在保險契約中，訂立一定時間為保險之有效時間，如被保險人在期內死亡，保險人即給付受益人定額之保險金。如過期不死，契約即行終止，保險人無給付義務，亦不退還已收之保險費。

2. **生存保險 (pure endowment insurance)**

即被保險人以一定時期內繼續生存為條件，由保險人負給付保險金之責任。保險金之給付，期間並不一致，至死亡而契約終止。此種保險之性質較為特殊，與其他保險不同，在預防本人日後生活之需要，

年老者多採用之，其主要即所謂年金保險者是。年金保險之意義及種類，當於本節第二項特種人壽保險中詳述之。

3. 生死保險 (endowment insurance)

又稱混合保險 (mixed insurance)，即被保險人不論生存或死亡，到達一定時期後，保險人均須給付定額之保險金。如投保期間為三十年，被保險人在期內死亡，保險人即給付其所保之金額；期滿而被保險人繼續生存，保險人亦應同樣給付。故此種保險，不但受益人有保障，即被保險人本身亦可享受其利益。又稱為養老壽險或儲蓄壽險。

二、依被保險人數為分類標準

1. 個人保險 (single life insurance)

即特定某一個人為被保險人之保險。此種保險，最為普遍。

2. 聯合保險 (joint life insurance)

即由二人或二人以上為被保險人之保險。保險金之給付，以其中一人死亡為條件。例如夫婦兩人投保聯合保險，一方死亡，他方可獲得保險金，經濟生活不致因而發生不安。

三、依給付方法為分類標準

1. 一次給付保險 (lump sum payment insurance)

即保險人給付保險金時，一次將全部金額支給受益人。普通人壽保險，多屬一次給付者。

2. 分期給付保險 (installment insurance)

即無論何種人壽保險，當決定給付時，其給付金額依照契約規定，由保險人分期支給受益人。此種給付方法，可免一次給付，受益人不善利用之弊；且因分期給付，以後各期給付之利息亦應計算，故保費負擔可較減輕。

四、依有無紅利分配為分類標準

1. 紅利分配保險 (life insurance with dividend)

即保險人將每期營業利益之一部分，分配於被保險人之保險。相互組織通常皆有紅利分配，而營利公司則較少。惟現今一般營利公司，亦多採用之。此種保險單，通常稱為分紅保單 (participating policy)。

2. 無紅利分配保險 (life insurance without dividend)

即被保險人於保費繳付後，並無紅利分配之保險。

此外，如依繳費方法為分類標準，有一次付足保險與分期繳費保險之分。如依能否退費為分類標準，有退費保險與不退費保險之別。如依有無體格檢查為分類標準，則又有體檢保險與無體檢保險兩種。種類之多，不勝枚舉，以上所述，乃以性質較為普通，而為吾人日常所習聞者為限。

第二項　特種人壽保險

除上述各種普通人壽保險外，由於保險事業之擴展，技術之進步，尚有若干性質較為特殊之保險業務。茲舉其重要者如下：

一、年金保險

其創立甚早，為前述生存保險之一種。投保普通人壽保險之目的，主要在保障自身因「死亡過早」所致家庭收入損失之補償；而購買年金則在準備自身因「生存過久」所致個人收入損失之補償。前者謀肉體死亡之善後，後者作經濟死亡之準備。年金保險者，指於被保險人生存期間或特定期間內，依照保險契約規定，由保險人負一次或分期給付一定金額之責。

年金保險之給付，原指每年一次而言，但事實上乃指按期給付，

每半年、每季或每月皆可。購買年金保險者，可由被保險人本人或指定他人為年金受益人。通常「年金」一語，具有終身給付之意，但實務上年金給付期間之長短，由購買者任意決定之。

年金保險之種類甚多，茲依不同之分類標準，擇要舉述如下：

1. 以年金給付期別分類

　⑴終身年金 (straight annuity)：即自年金開始給付時起，保險人按年以一定金額，給付被保險人或其指定受益人，直至死亡為止。此種年金，通常購買者較多。

　⑵定期年金 (temporary annuity)：即年金之給付，自開始給付時起，以一定之年數為限，至受益人在約定年限內死亡為止。此種年金，又稱有限年金。

2. 以年金給付始期分類

　⑴即期年金 (immediate annuity)：即年金之給付，於契約成立後，保險人即行照約按期給付。無論終身年金或定期年金，均可採用即期或延期給付辦法。

　⑵延期年金 (deferred annuity)：即年金之給付，於保險契約訂立後，經過若干期間，始由保險人照約給付。如在給付期間開始以前，年金受益人死亡，亦得返還其已繳之保險費於其繼承人。

3. 以繳付保費方法分類

　⑴一次繳費年金 (single premium annuity)：即將應繳保險費一次全部繳清。由於個人事業成功或父母遺產獲致大額款項，一次繳費購買即期年金，以備日後長期生活之需。但此種繳費方法之年金保險，實際採用者甚少。

　⑵分期繳費年金 (periodic premium annuity)：即由年金保險購買

人，分期繳付保險費，至年金開始給付時止。通常每年繳費一次，故又稱每年繳費年金 (annual premium annuity)。上述之延期年金，頗多採用此種繳費方法。

二、簡易人壽保險

簡易人壽保險 (industrial insurance) 即小額人壽保險。保險費每星期、半月或一月繳付一次，且常由保險公司按期派員收取。凡加入簡易人壽保險者，不必經過體格檢查，但為防止逆選擇，普遍採用等待期間 (waiting period) 或減削期間 (discounting period) 制度，即被保險人加入保險後，必須經過一定期間，保單始能生效。如在一定期間內死亡者，保險人可不負給付責任，或減少其給付金額之一部分。

簡易人壽保險經營時之成本較大，一則由於未經體格檢查，其死亡率較高；二則因業務瑣屑，如派人收取保費等，管理費用增加；三則保單失效之比率較大，因而招攬費用及保單作成費用等損失亦頗多。由是簡易人壽保險，私人企業經營者甚少，大都由國營或公營。我國由郵政儲金匯業局辦理。

三、團體保險

團體保險 (group insurance) 即以特定團體或企業之多數人為被保險人之保險。加入此種保險時，不必經過體格檢查，由保險人簽發一張總保單，而每一被保險人僅有一保險證。最初以工廠工人投保者為多，其後擴充至其他企業或團體。美國普通規定至少須為五十人之團體，然現今在若干州內亦有改少至二十五人者，但必須占團體人數75%，藉以防止逆選擇之發生。在原則上，團體保險皆為一年定期保險，但亦有投保終身保險者，且若干年金保險亦有採團體保險辦法，作為退休金之用。凡參加團體保險者，對於預定之保險金額，個人不

能任意選擇，須依預定計畫辦理，或全體相同，或按照工作年資、收入或地位而分別等級。保費或由參加者個人負擔，或由雇主分擔。

團體保險之費率較低，因無體格檢查及招攬費用等之支出，故經營時所需之費用，較個別保險為減省。且團體保險之死亡率較小，雖參加者未經過體格檢查，但能擔任團體中之工作者，其體格自必在相當標準之上。且團體保險注意團體之選擇，而非個人之選擇；再在同一團體內，因參加人數眾多，危險好壞，有彼此平均作用，故毋須個別施行體格檢查。

四、投資型保險

投資型保險 (investment insurance) 是一種長期之死亡人壽保險契約，其保險期間之總保險費，為每年不同死亡率計算所得年保險費之和。惟因經營需要，採以平準保費方式每年收取同額之保險費；因此，要保人於保險初期所繳之保險費，必然超過實際年齡所應繳之數額，即對將來危險應繳保險費之一部分，提前預繳。此部分為保險單現金價值產生之所在，由保險人以責任準備金名義提存保管，並依照既定利率計算利息，以預估折現率之方式於保險費中預先扣除。之後，責任準備金即一任保險人投資利用，要保人不再主張。由是，傳統人壽保險之保險金額及保險費因而固定不變。但為免通貨膨脹致長期人壽保險之保險金額實際價值降低，保險人推出保險金額可變動之人壽保險商品，賦予被保險人對於責任準備金運用之權利，由被保險人指定或同意保險人建議之投資標的，委由保險人提供投資服務進行投資，以所獲利益增大保險金額，但被保險人必須自負投資損益。

保險人對於投資型業務之經營，應專設帳簿記載每一投保之投資資產價值。其必須與保險人之其他資產分開，設立分離帳戶單獨管理。

保險人以要保人所繳保險費，在扣除依繳費時年齡死亡率計算之死亡保險費，及帳戶管理與其他附加費用後之餘額，作為被保險人之投資基金，定期將依照保險契約所約定方式計算帳簿內受益之資產價值，作成報表，通知要保人。此類保險在市場上常見之商品有二。

㈠變額保險

此保單之保險費固定，其責任準備金通常投資於股票或其他有價證券，投資價值依市場價格而變動，因而影響保險金額起伏。但是為了避免投資報酬不佳致嚴重影響保險金額，通常訂有最低保險金額，保證最低之死亡給付。

㈡萬能保險

此保單之持有人得依照各人保障需求與繳費能力，隨時變動保險費之繳費金額、繳費次數及保險金額。其特色在於，被保險人可自行決定第一期以後各期保險費金額與繳費時間，調整已約定之保險金額。保險人將被保險人每期所繳之保險費，扣除各項費用與支應繳費當年之死亡保費後之餘額，作為儲蓄投資之用。如累積之現金價值已夠支付當年之死亡給付所需保費，保單持有人可減少或免交保險費。保單持有人亦可增加繳付保險費之次數與金額，以增加現金價值，提高保險金額。

🏠 第三節　人壽保單之內容 🏠

人壽保險之內容其主要條款，有下列各項：

🐾 一、全部契約條款

人壽保險之保險單與要保書，構成全部保險契約 (entire contract)。被保險人在要保書中所為之告知，亦為契約之一部分。此項條款之規

定，在賦予要保書法律效力，以明要保人要約訂立契約之原意，有利於被保險人及受益人。

二、不抗辯條款

不抗辯 (incontestability) 條款即保險人在契約成立一定期間後，不得對要保人任何告知或隱瞞之事實提出抗辯。雖有足以證明要保人有故意錯誤告知之具體事實，保險人仍不能免除給付之責任。通常此項條款規定，自保單有效之時起，經過兩年後，保險人不得對契約之成立提出抗辯。

三、年齡錯誤條款

上述不抗辯條款，不適用於被保險人年齡之錯誤，而另列年齡錯誤 (correction of age) 條款。因被保險人之年齡，為計算保費之基礎，如年齡錯誤，給付亦必因之調整。故一般保單條款規定，如被保險人年齡錯誤，保險人應依照其正確年齡，以所繳保險費與應繳保險費之比例計算應付之保險金。其於事故發生前發現者，應補足保險費差額或退還溢繳部分之保險費。

四、延期條款

在一九三〇年代，若干人壽保險公司，因同時多數要保人申請借款及退費，以致急於將投資變現以為償付，遭受極大之損失。此後多數公司皆在保單中加列條款，規定有延期支付 (delay) 之權利，分期繳納之第二期以後之保險費，繳費寬限期為三十天。

五、減除債務條款

減除債務 (deduction of indebtedness) 條款即保險人對要保人由保單所發生之任何債務，得在被保險人死亡時之給付金額內，或解約時之解約金內扣除之。

🐾 六、更改受益人條款

通常在要保書內，皆寫明受益人之姓名或名稱。如要保人須保留有更改受益人 (change of beneficiary) 之權利者，必須事先申明。且此項條款規定，在更改受益人時，必須繕具申請書，連同保單，送由公司辦理。

🐾 七、保單轉讓條款

人壽保險保單之轉讓 (assignment)，原毋須一定獲得保險人之同意；但一般人壽保險保單內皆規定，保單轉讓，非經書面通知公司，不生效力。此種規定，使公司因不知轉讓之事實，而將保險金給付原受益人時，不負任何錯誤之責任。

🐾 八、不喪失價值條款

各種人壽保單，除短期保險外，因其保費常由要保人按平準保險費率繳納，其中預繳部分所構成之保險費積存金，即提存為責任準備金，雖由保險人保管運用，但實際上仍為要保人所有，故每一保單皆有相當之現金價值 (cash value)。當要保人在契約成立經過一定期間（一年或一年以上）後，不願再行續保時，其保單之現金價值，並不因之喪失，仍屬於要保人。《保險法》規定，要保人終止保險契約，而保險費已付足一年以上者，保險人應於接到通知後一個月內償付解約金，其金額不得少於要保人應得保單價值準備金之四分之三。

此種不喪失價值 (non-forfeiture values)，通常有三種方法處理：①可直接取得解約金，②可將原保單調換為保額較低已繳保費之終身壽險保單，③或以終身保單調換為保額照舊而期間較短之定期保單。在②③兩種情形時，要保人未喪失之現金價值，因調換新保單自動轉作應繳之保費，換言之，調換之新保單，其應繳保費按已繳保費折算，

均已繳清，故第②種情形之保險，稱為繳清保險 (paid-up insurance)；第③種情形之保險，則稱為展期定期保險 (extended term insurance)。

九、借款條款

如人壽保險之要保人，雖需款甚亟，但不願解除保險契約，則可在保單現金價值之限度內，向公司申請借款 (loan values)。公司通常皆接受貸款，而收取一定之利息。如嗣後要保人不付利息，則可以之加入本金內計算，在到達或超過保單之現金價值時，公司即通知要保人，如在三十日內不繳付利息者，保單即歸失效。惟短期保單因無現金價值，故不能據以申請借款。

十、優惠與恢復條款

每一壽險保單，在欠繳保險費時，皆有三十天之優惠期（或稱寬限期 (grace period)），在優惠期內任何一天，皆可繳清保費而使保單繼續有效。如逾期不繳，則保單效力即行停止。如在優惠期內，被保險人死亡，應繳保費即在給付金額內扣除。

在保單效力停止後，保單持有人在一定期間內，仍可補繳拖欠之保費，並提出具有保險條件 (insurability) 之證明，而使保單恢復有效 (reinstatement)。但已經取得解約金者，則不能再行恢復。申請恢復期間，通常規定二年。所謂具有保險條件之證明者，如為停止效力之日起六個月清償保險費及利息與其他費用者，於清償後之翌日恢復效力；失效期間較長者，則須重行體格檢查。

十一、自殺條款

人壽保險之被保險人在投保後一定期間內自殺者，保險人之責任，應以返還其已繳保險費之保單價值準備金為限。我國《保險法》第 109 條第 2 項規定：「保險契約載有被保險人故意自殺，保險人仍應給付保

險金額之條款者，其條款於訂約二年後始生效力。」今日多數保險公司之保單條款內，每有規定在被保險人投保二年後自殺時，仍予給付保險金，是為自殺條款 (suicide clause)。

💧 十二、保險金給付條款

《保險法》第 107 條規定，「以未滿十五歲之未成年人為被保險人訂立之人壽保險契約，其死亡給付於被保險人滿十五歲之日起發生效力」。因此，被保險人為十五歲以下者死亡時，保單不生效力，保險人應將所收保費加計利息返還之。又「以精神障礙或其他心智缺陷，致不能辨識其行為或欠缺依其辨識而行為之能力者為被保險人，除喪葬費用之給付外，其餘死亡給付部分無效。前項喪葬費用之保險金額，不得超過 《遺產及贈與稅法》 第 17 條有關遺產稅喪葬費扣除額之一半」。以上皆為保險金給付條款 (settlement clause)。

🏠 第四節　人壽保險危險之估計 🏠

第一項　生命表之意義

人壽保險對於危險之估計，通常即根據死亡率計算之。由各別年齡死亡率所編製之彙總表 ， 即稱為生命表 （又稱死亡表 (mortality table)）。故生命表者，實為人壽保險用以測定死亡或生存機率之基礎，即根據已往死亡人數之統計，以推測將來死亡人數之可能性。作成此表之資料有二：一為政府所有之人口統計與死亡登記，二為保險人自有之死亡統計。惟前者是否可作為生命表之資料，殊成問題，一則各國之人口統計未必十分正確，二則死亡登記亦未必完備，三則依據一般人口死亡統計而作成之生命表，僅能適用於一般人民，未必即能適

用於人壽保險之被保險人。蓋被保險人加入保險時，例須經過體格檢查，具有適當之標準，即經過危險之選擇，其死亡之比率，必較一般為低。故今日各國經營保險業者，無不根據歷年自己對被保險人之死亡統計，而編製其所用之生命表。

　　生命表之內容編製，各國各地不同。我國過去缺少完整之死亡統計，故保險業計算保險費，均借用他國之生命表，而增加其死亡人數之百分數，以為調整。迨至民國六十三年六月，我國保險業依據自身經驗資料，編製而成臺灣壽險業經驗生命表。歷經數次修訂，今各人壽保險業所採用者為第五回經驗生命表。

第二項　生命表之應用

　　人壽保險所承保危險之大小，可依據生命表而加以測定。茲舉例說明之，如欲投保三十五歲後一年、二年、三年、四年或五年期之壽險，則必須先知三十五歲後各年之死亡機率。而此項機率之決定，即以生命表為根據。假設依照臺灣壽險業經驗生命表，三十五歲起之第一年 9,421,362 人中，死亡 22,178 人，其死亡機率為 $\frac{22,178}{9,421,362}$；第二年之死亡數為 46,043 人（即 22,178 人 + 23,865 人），其死亡機率為 $\frac{46,043}{9,421,362}$。以此類推，五年合計之死亡數為 129,283 人（22,178 人 + 23,865 人 + 25,707 人 + 27,684 人 + 29,849 人），其死亡機率為 $\frac{129,283}{9,421,362}$。至於生存之機率，亦可由生命表表明之，即由各年年初所有人數，減去當年之死亡人數，即為當年年末或次年年初之生存人數，是則三十五歲年末或三十六歲年初之生存數為 9,399,184 人，其生存機

率為 $\dfrac{9,399,184}{9,421,362}$。

🏠 第五節　人壽保險之保險費 🏠

　　人壽保險保費之計算，其先決條件有五：①被保險人之年齡，②保險種類，③保險金額，④所採用之生命表，⑤保險人預計之利率。

　　例如被保險人係四十五歲，保險人承保被保險人如於十二月內身故，給付保險金 10,000 元。假設根據臺灣壽險業經驗生命表，四十五歲年初生存數為 9,099,769 人，是年死亡者為 49,321 人。茲假定保險人接受四十五歲者一年定期保險 9,099,769 人，若其中之實際死亡數，與生命表中之死亡數相符，則是年之死亡者應為 49,321 人。每人身故，給付 10,000 元，而此項給付，又係於年終支付，即屆時保險人必須有 $10,000 × 49,321 = \$493,210,000$，以資給付。但被保險人係於年初繳納保險費，保險人將所收保費用以投資，假定可得百分之六的利息，即每 1 元在年終時，本利和可得 1.06 元。故保險人應收保費總數當少於 493,210,000 元，即倒扣一年之利息，其計算方式如下：

$$1.06 : 1.00 = 493,210,000 : x$$

$$x = 493,210,000 ÷ 1.06 = \$465,292,452$$

　　即應收保費總數為 465,292,452 元，再以繳費人數除之，即得每人於是年年初所須繳納之淨費數額：

$$\$465,292,452 ÷ 9,099,769 = \$51.13$$

　　即每人年納保險費 51.13 元。如上所述，此項保險費之公式計算如下：

損失頻率（危險發生率）× 保險金額 ÷ 1 元加一年利息之本利和
= 保險費

　　依照上述公式，可應用於計算各種一次躉繳之純保險費，其公式應改變如下：

損失頻率（危險發生率）× 保險金額 × 1 元按資金保管期限之折現價值 = 保險費

　　1 元之折現價值（簡稱現價或現值 (present value)），按年利率 6% 計算，當為 $\frac{1.00}{1.06}$ = \$0.943396。

　　上述為一年期保險費之計算方法，但此種一年期之保險，由於人壽保單大都為長期性質，實際上極少發生，僅為設例簡單，藉作說明之助而已。至於人壽保險各種保險費之計算，就保險期間而言，有終身與定期之分；就繳費方法而言，有躉繳與年繳之別；就給付時期而言，有即期與延期之不同；就給付方法而言，有一次與分期之差異。種類繁多，計算複雜，係屬保險數學之範圍，即擬從略。

第十八章　意外保險

　　意外保險 (casualty insurance)，為海上保險、火災保險、與人壽保險以外，所有其他對於身體傷病及財產損失各種保險之總稱。因而不論人身、財物、責任、利益等，均得為意外保險之標的。一般意外保險公司所承保之意外險，主要者有下列三類：①責任保險，②傷害及健康保險，③其他如汽車、航空、竊盜、保證、信用、機械、鍋爐等損失之保險。

　　除責任保險及汽車保險，因其業務重要，本書前已另立專章詳加討論外，本章再擇意外保險中之較為重要者，分別論述於後。

🏠 第一節　內陸運輸保險 🏠

第一項　內陸運輸保險之意義

　　《保險法》第 85 條規定：「陸上、內河及航空保險人，對於保險標的物，除契約另有訂定外，因陸上、內河及航空一切事變及災害所致之毀損、滅失及費用，負賠償之責。」上項規定，指出陸上、內河及航空保險人之損失補償責任，亦釋明陸空保險之含意。由於此種保險之標的，原僅指在運輸移動中者而言，現已擴展至停留於某一地點者亦包括在內，故《保險法》中不稱運輸保險，而以陸空保險名之。實則所謂陸空保險者，即指內陸運輸保險 (inland marine insurance) 及航空運輸保險而言。本節內容以內陸運輸保險為限，航空運輸保險詳

見下節所述。

　　本書第十四章所述之海上保險，即為海上運輸保險，乃運輸保險之一部分。由於近日各種運輸事業之發達，故運輸保險業務亦由海上而逐漸擴展，其初僅及於內地之湖泊、河流及其他水道運輸，其後漸次包括所有陸上及空中各種運輸業務在內，如鐵路火車、運貨汽車等，已完全超出海上保險之範圍以外。雖然，內陸運輸保險，係由海上保險蛻變而來，但因各別性質之不同，海上保險之各項規定，並不能完全包括適用。

第二項 　內陸運輸保險之種類

一、國內貨運保險

　　國內貨運保險 (domestic shipments insurance) 有以下五類：

1. 全年運輸保險單 (annual transit policy)

　　製造廠商或零售商在一年期內，所有貨物來往運輸之保險。無論水道或陸路各種運輸，皆在承保範圍之內。其保險事故，所有陸上及內河之一切事變及災害皆屬之。如陸上保險事故，包括火災、雷擊、暴風雨、大水，以及碰撞、傾覆及出軌等情形。水上之保險事故，包括火災以及水運中之各種危險。保險標的，以各種貨物為主，不包括帳冊、單據、貨幣、票據或其他有價證券在內。戰爭、罷工、暴動等事故所致之損失，保險人不負補償責任。

2. 短程運輸保險單 (trip transit policy)

　　承保之範圍、標的及保險事故等，與全年運輸保險相同，惟屬短期性質，以每次裝運為限。

3. 汽車貨運總括保險單 (blanket motor cargo insurance)

汽車貨運總括保險之被保險人分為兩種，汽車貨物運送人及貨物之託運人或貨主。前者本質上為責任保險，以一總金額為限，承保運送人若干次貨物運送之賠償責任；後者為有形財產保險，以一總金額為限，承保託運人若干次託運貨物之損失。保費先一次繳清或預繳部分保費，被保險人應將逐次運輸之金額通知保險人，該金額從總約定金額扣除，至扣減完畢，保險人責任終了。

4. 郵包保險單 (parcel post policy)

乃承保投郵之包裹，自郵局接收時起，至送達收件人為止，所有遞送時之一切危險。蓋郵寄包裹雖已交於郵局，但並非即已免除各種危險，如郵車遇險，郵船罹難，郵機失事，郵局被焚等，均有隨時發生之可能，而使包裹遭受損失。如為帳冊單據、貨幣、票據、文稿、其他各種有價證券，及容易腐壞之貨物包裹，不在承保範圍之內。

5. 掛號郵件保險單 (registered mail policy)

乃承保一般事業機構（主要如金融機構、經紀人等）大量運送之貨幣、票據、單據、印花、郵票、及其他各種有價證券等遭遇損失之各種危險。惟戰爭危險則除外。金銀珠寶等貴重物品，亦在承保範圍之內。其保險期間，或以單程為限，或以每日、每月或全年為期。

二、流動財產保險

內陸運輸保險，原指在運輸中之貨物而言，其後逐漸擴充，迄今甚至若干貨物並無運輸之意者，亦包括在內。流動財產保險 (property floater policy)，又可分為商業流動財產保險及個人流動財產保險兩類，保障無論商業方面或個人方面所有流動財產之損失。前者如推銷員樣品保險、珠寶商保險、承包工人設備保險、醫師設備保險等是。後者

如私人珠寶皮衣保險、旅行者行李保險等皆是。

三、受託人責任保險

受託人責任保險 (bailee liability policies) 即擔保被保險人受託看管他人財物之責任保險。如鐵路或汽車運貨時，運貨人對於受託運輸之貨物，必須以相當之注意加以看管，如遭受危險而致發生損失時，保險人應代運貨人負補償之責任。此外尚有如洗衣店、皮貨商為顧客洗淨、整理或儲藏（皮貨）衣物時所負之責任，冷藏廠庫為客戶存儲之各種獵物、肉類、魚類等所負之責任，亦為受託人責任保險之標的，雖已越出運輸保險之範圍，但亦常包括於此種保險內。

⌂ 第二節　航空保險 ⌂

第一項　航空保險之意義

與航空有關之保險隨航空事業之發展而來，其中託運人或貨主委託運送之貨物損失保險，由海上保險人承保，併入運輸保險範疇，適用海上貨物運輸保險之實務規定。航空保險則指航空機體保險、乘客責任保險、貨物責任保險及第三人責任保險等四種與運送人經營業務時面臨之損失與責任有關之保險。

第二項　航空保險之種類

一、航空機體保險

航空機體保險 (aircraft hull insurance) 機體保險所承保之飛機，除機體本身外，並包括推進機、引擎、其他附屬機件及設備在內。其承保之保險事故，有一切危險事故與特定危險事故兩種。一切危險事故

之承保範圍，尚可分為下列三種情形：①無論地面與空中之危險皆包括在內，②承保地面靜止及滑行時之危險（不包括飛行時之危險），③僅承保飛機在地面上靜止時之危險。特定事故之承保範圍，通常為下列事故之一項或數項，如火災、雷擊、爆炸、碰撞、墜落、暴風雨、竊盜，以及水上飛機之碰撞、沉沒、漂失以及傾覆等。

　　航空機體保險之損失補償依機型而定，並設有自負額。一則減少保險人賠償損失，另則提醒被保險人注意損失預防。自負額僅於部分損失適用，全損則無；此外，為強化被保險人對於保險標的之注意，自負額不能以加費免除。保險費率之計算並無規章可循，保險人以飛機用途、大小、形式、機齡、地區及航空公司過去信譽等因素考量後依經驗判斷決定。

二、乘客責任保險

　　乘客責任保險 (passenger liability insurance) 承保被保險人經營乘客運輸，因為乘客意外受有身體傷害及乘客行李受有損失，依法應負之賠償責任。乘客責任之保險時效，從乘客報到 (check-in) 時開始，至抵達終站完成提取行李時為止。事故責任所依法律，國內航線依國內法，國際航線依《華沙公約》。我國《航空客貨損害賠償辦法》規定，乘客因意外事故死亡者，每一死亡賠償以 300 萬元為限；重傷者不超過 150 萬元；行李及託運貨物每公斤 1,000 元；隨身行李每一乘客 20,000 元（上述金額皆為新臺幣），但損害係運送人故意或重大過失所致時，其賠償則不受以上限制。《華沙公約》規定每一乘客傷亡責任不超過 7 萬 5 千美元；託運貨物及行李每公斤 20 美元；隨身行李每一乘客 400 美元，於故意或重大過失所致時，其賠償責任不受以上之限制。保險費依責任額大小可採二種方式計收，第一種是以乘客座位數，每

一座位收費若干；第二種是以實際載客哩程計算。被保險人於要保時先預估一年之乘客人數及其旅程之飛行哩，兩者相乘得一年之載客哩，以費率計算預收保費，保險終期再依被保險人申報實際載客哩調整保費。

三、貨物責任保險

貨物責任保險 (cargo liability insurance) 承保被保險人運送之貨物或郵件，包括報值貨物及行李在內，所受損失或遲延損失依法應負之賠償責任。對於郵件遲延之損失，根據國際郵務公約，郵局對寄件人不負遲延損失之責，因此本保險亦不負責。貨物若未報值託運，航空公司之賠償責任依華沙公約規定，每公斤以 20 美元為上限；報值者，則以報值金額為準。託運之行李，從乘客完成報到 (check-in) 時開始；託運貨物則從航空公司或其代理人完成簽發提單時起，至抵達目的地提領行李或貨物時為止。保險金額以每公斤 20 美元乘以最高載重量加上若干報值託運之金額決定之。保險費計算，根據預計運費收取固定保費，或是以預計運費預收部分保費，保險單滿期再按實際運費收入調整。

四、第三人責任保險

第三人責任保險 (third party insurance) 承保被保險人因被保險飛機、或機上落下之人或物，所致他人身體傷害或財物損毀，依法應負之賠償責任。此責任通常以空難發生地國家之法律處理，由該地之法院依法判定。由於航空業者對第三人之責任是絕對的，復以人權意識高漲，賠償金額日漸龐大，尤因美國九一一恐怖事件所帶來之震撼，更讓航空業者重視本保險，紛予提高保險責任額。保險費之計算，由保險人按照承保經驗，以人體傷害與財物損害不同責任額之組合，訂

出應收保費。

🏠 第三節　竊盜損失保險 🏠

🔖 一、承保範圍

　　竊盜損失保險承保被保險人所有置存於保險單規定處所之動產標的物，因竊盜所致之損失。保險事故「竊盜」，指被保險人或其家屬、受僱人及與其同住之人以外之任何人，企圖獲取不法利益，毀越門窗、牆垣或其他安全設備，並侵入置存保險標的物之處所，而從事竊盜或奪取之行為。不包括無法證明確係由於竊盜所致之損失。所謂「置存標的物之處所」，指置存保險標的物之房屋，包括可以全部關閉之車庫及其他附屬建築物，但不包含庭院。承保之損失除了保險之動產標的物外，且包括因竊盜行為而致置存保險標的物處所之毀壞損失，但以自有之房屋為限。又本保險並可特約加保被保險人或其同居家屬，因竊盜事故所致身體傷害之醫療費用。市場上，竊盜損失之投保有兩種方式，一為購買火災保險附加竊盜危險；一為單獨投保竊盜損失險。

🔖 二、承保對象

　　竊盜損失保險單之設計，以住宅、辦公室、官署、學校、旅館、餐廳及店舖之所有者為對象，不包括工廠，工廠之動產可投保火險附加竊盜險。

🔖 三、承保標的物

　　本保險之標的分為兩類：普通物品及特定物品。

1.普通物品

　　普通物品指住宅之傢俱、衣李、日用品及商業用途之生財器具，不包括古董、雕刻品、字畫、鈔票、有價證券、珠寶及皮貨等。採統

保方式，訂出總保險金額，不必個別列明，但每件賠償不得超過一定
金額。

2. 特定物品

特定物品採列舉方式，以明細表訂明保險標的物之名稱及保險金
額，但珠寶、首飾及皮貨等貴重物品，其每件之保險金額不得超過一
定金額。

🏠 第四節　保證保險 🏠

第一項　保證保險之意義

保證一般指對於他人之行為或信用作負責任之擔保。保證保險之
能否成為保險，學者間頗多不同之主張。一般否認保證保險之理由，
大致有四點，詳見下表：

	保　　險	保　　證
是否為對價契約	是，屬對價契約	否，屬片務契約，由單方作為
如何衡量危險	以精密制度、可靠資料衡量	出於保證人主觀認定
是否獨立	是，屬獨立契約	否，屬從屬契約
是否有先訴抗辯權	無	有

保證保險之是否為保險之一種，雖無定論，但一般保險書籍中對
於保證保險，無不有所論及。

《保險法》第 95 條之 1 前段規定，保證保險人於被保險人因其受
僱人之不誠實行為所致損失，負補償之責。此項規定，係屬誠實保證
性質，保險契約當事人僅有保險人與被保險人兩方面。惟同條後段復

規定，保證保險人於被保險人因其債務人之不履行債務所致損失，負補償之責。此顯然並非誠實保證，但亦與確實保證之性質不同，似應屬後述信用保險之範圍，值得商酌。保證有誠實保證及確實保證兩種，前者是對被保證人行為誠實之保證，今之保險市場仍存在此種保險；後者是對被保證人義務履行之保證，例如過去曾推出工程履約保證保險即是一例，但因不堪虧損而停辦。

第二項　員工誠實保證保險

一、承保範圍

保險人對於在保險期間被保險人所有之財產或受託保管之財產，因被保證員工單獨或共謀之不誠實行為所致之損失，負賠償責任。不誠實行為指被保證員工之強盜、搶奪、竊盜、詐欺、侵佔或其他不法行為。本保險得加保追溯期間被保證員工之行為所致之損失。保險人負責之損失，原則上必須於保險期間發現，但若保險期間屆滿而不續保時，本保險將自動延長一定之損失發現期間，不以保險期間為限。

二、承保對象

員工誠實保證保險是以金融機構、政府機關、公私企業及人民團體為對象，不接受個別員工直接要保。

三、承保方式

本保險由要保人依實際需要選擇全部員工投保或部分員工投保，並以明細表詳列被保證員工之姓名、職務及個別保險金額。保單除了約定每一被保證員工之保險金額，並規定每一事故之保險金額及保險期間累計最高賠償限額。本保險訂有自負額，且對於同一被保證員工單獨或共謀之不誠實行為所致一次或累計多次之損失，被保險人僅能

以發現時該被保證員工之保險額為限，提出一次賠償請求，而非多次累計損失，以強化被保險人內部監督之執行。保險費之計算，因被保險人之行業別、投保人數（全部或部分）、資產額、自負額、追溯期間長短、及過去損失經驗而有不同。

🏠 第五節　信用保險 🏠

信用保險 (credit insurance) 是承保被保險人因其債務人不履行債務，致遭受金錢損失，由保險人對被保險人負擔賠償責任之保險。此保險概分成適用於銀錢業因借款人喪失信用所致損失之金融信用保險，以及銷售業因買方喪失信用所致賣方應收帳款損失之銷貨信用保險。

1. 金融信用保險

金融信用保險在我國曾推出限額保證支票信用保險及消費者貸款信用保險，後因虧損嚴重而停辦。今日存在於市場者為，修正前兩種保險缺失而制定之金融機構小額貸款信用保險。

2. 銷貨信用保險

銷貨信用保險見之於政府為鼓勵輸出，對輸出廠商推出之輸出保險。此保險屬於政策保險，其目的在於達成政府輸出政策針對輸出廠商所面臨之各種輸出危險，給予適當保障。因屬於非營利保險，故由政府指定專責機構辦理，主辦單位為中國輸出入銀行。輸出保險目前推出之保單有：託收方式 (D/P, D/A) 輸出綜合保險、輸出融資保險、普通輸出保險、寄售輸出保險、中長期延付輸出保險及海外營造工程保險。其中最為輸出廠商所需要者，屬託收方式 (D/P, D/A) 輸出綜合保險。

第一項　金融機構小額貸款信用保險

一、承保範圍

本保險對於被保險人於保險期間內核貸之個人小額信用貸款，因借款人未依借款契約按期攤還借款本息，致被保險人受有損失，累積損失金額超過約定之起賠點時，由保險人依照保險契約之約定對被保險人負賠償之責。

二、理賠方式

本保險所謂之起賠點指以實際承保之總借款金額乘以約定之百分比計算之金額。約定之百分比即為自負額比例，理賠時保險人對於每一借款人所造成之損失，應先按此比例計算保險人與被保險人應負擔之金額，其屬於保險人應負擔之部分，由保險人賠償之。如保險期間屆滿前已有損失發生，則起賠點暫以期初所約定之預估總借款金額或損失發生當時保險人實際承保總借款金額乘以約定百分比，從高認定。本保險理賠作業於被保險人所核貸之金額未受清償部分達約定起賠點時啟動。保險承保之損失指借款人未攤還之本金餘額、利息、遲延利息及違約金。被保險人於發生本保險契約承保之損失時，應向保險人報案，其因不符當時賠償標準而未理賠者，嗣後如於保險期間終了經結算符合賠償標準，保險人應依約賠付。

三、保險費的計算

保險費採預收方式，要保人於保險契約訂立時，先依其預估總借款金額之一定百分比乘以保險費率，交付最低預收保費，每月再依實申報計算實際保費，由預繳保費中扣減，不足時被保險人另予交付。

第二項 託收方式 (D/P, D/A) 輸出綜合保險

本保險承保被保險人輸出貨物、簽發輸出匯票、並檢附有關貨運單據，委託其往來銀行向進口商收取貨款，因發生下列信用危險或政治危險所致之損失。

一、信用危險

(1)進口商宣告破產者。

(2)國外受託銀行向進口商為付款通知（付款交單，簡稱 D/P）或為承兌之提示或承兌後之付款通知（承兌交單，簡稱 D/A）時，進口商行蹤不明。

(3)以付款交單方式 (D/P) 輸出，進口商不付款。

(4)以承兌交單方式 (D/A) 輸出，進口商不承兌輸出匯票或承兌輸出匯票後，到期不付款。

二、政治危險

(1)輸出目的地政府實施禁止或限制進口或外匯交易。

(2)輸出目的地國家或地區發生戰爭、革命、內亂或天災，以致中止貨物進口或外匯交易。

本保險雖然配合政府政策以鼓勵輸出為目的，但其本質仍為保險，處理時仍須顧及損失預防與危險衡量。為使被保險人注意損失預防工作，投保時被保險人必須委託保險人，辦理國外進口商之信用調查，且被保險人必須自負部分損失，亦即本保險不予足額保障，保險金額為保險價額之某一成數。至於成數高低，在政治危險為固定百分比，而信用危險則依進口地與進口商之信用評等有別。保險費率決定於：

(1)輸出目的地國家之政治及經濟情況：工業越先進之國家，保險

　費率越低。

(2)付款方式：D/A（承兌交單）付款條件因較 D/P（付款交單）付款條件具風險性，故保險費率較高。

(3)付款期限：期限越長者所承擔之危險期間越長，故保險費率較高。

(4)國外進口商之信用狀況：信用良好且財務狀況健全者，發生危險事故之機會較小，保險費率較低。

保險費計算步驟：

(1)確定政治危險與信用危險之保險金額。

(2)依據進口地區、付款方式及保險期間，從保險費率表查出基本費率。

(3)以進口商之信用等級決定費率之加減。

(4)再依照被保險人過去投保損失記錄增減費率。

(5)將增減後之費率分為兩部分，政治危險費率佔 30%，信用危險費率佔 70%。

(6)將政治危險與信用危險之保險金額分別乘以個別之費率，兩者合計即為本保險之保險費。

🏠 第六節　現金保險 🏠

🐾 一、承保範圍

　現金保險對於被保險人所有或負責管理之現金，因下列保險事故所致之損失，負賠償責任。

1.現金運送保險

　在保險單所載運送途中遭受竊盜、搶奪、強盜、火災、爆炸或運

送人員、運送工具發生意外事故所致之損失。

2. 庫存現金保險

　　在保險單所載之金庫或保險櫃保存中遭受竊盜、搶奪、強盜、火災、爆炸所致之損失。

3. 櫃檯現金保險

　　在保險所載之櫃檯地址及範圍內遭受竊盜、搶奪、強盜、火災、爆炸所致之損失。本保險承保之標的物現金，包括紙幣、硬幣及等值之外幣，或經約定可加保匯票、本票、支票、債券及其他有價證券。所保之危險以竊盜、搶奪、強盜為主，行為人須受刑罰之制裁，故為犯罪保險之一種。

二、除外不保事項

　　為避免事故發生、減少損失，本保險除了規定自負額外，並針對三種承保範圍設定不保事項。

1. 適用於一般性者

　　戰爭、罷工、暴動、颱風、洪水、地震、被保險人或其受僱人及運送人員之故意或重大過失、現金因點鈔員疏忽、錯誤點查不符之損失，及現金損失結果所致之附帶損失。

2. 適用於現金運送保險者

　　非被保險人指派之運送人員運送、運送途中除駕駛外未經指派二人以上負責運送、以專業運鈔車運送而現金在運送途中未存於保險櫃、被指派之運送人員執行運送任務時受酒類或藥劑影響、運送途中現金無人看管及以郵寄或託運方式運送所致之損失。

3. 適用於庫存現金保險者

　　現金置存於保險單所載之金庫或保險櫃以外，及營業時間以外金

庫或保險櫃未鎖妥時發生竊盜、搶奪、強盜之損失。

4.適用於櫃檯現金保險者

在保險單所載櫃檯地址及範圍以外、在被保險人營業時間以外、置存現金之櫃檯無人看守、被保險人或其受僱人未經收受前或已經交付後所致，及因被冒領票據或存摺或單據被偽造、變造所致之損失。

三、承保方式

保險金額之決定，於現金運送保險以被保險人每月運送次數及金額為之，決定每一次事故之保險金額及保險期間之保險金額。庫存及櫃檯現金保險則以保險期間內最高存放金額為準。保險費計收方式，於現金運送保險以基本費率乘以預計之運送金額預收部分保費；於庫存及櫃檯現金保險則以基本費率乘以保險金額。實務上，三種承保範圍分別衡量危險計算保費，因此，被保險人得針對需要僅要保其中部分之承保範圍。

第七節　工程保險

工程保險在外國起源甚早，殆可溯及英國在工業革命後，為應紡織業使用鍋爐之需要而推出之鍋爐保險。嗣後隨著科技產品發明帶來社會新危險，保險因而發展各類與機械有關之險種。此類保險因需使用科學技術，故稱為工程保險。工程保險之保單有：營造綜合保險、安裝工程綜合保險、鍋爐保險、機械保險、營建機具綜合保險及電子設備保險。我國於民國五十三年引進營造綜合保險，為國內市場有工程保險之開端。之後經陸續開辦而有上述六種保險單。工程保險在我國屬於新種保險且因具有專業性之故，市場使用之保險單都是參照慕尼黑再保公司之保單而編訂。復因係再保導向之業務，保險費率亦仰

賴再保險人之決定。

第一項 營造綜合保險

一、意 義

營造綜合保險 (contractor's all risks insurance) 屬事件保險單 (event policy)，承保各型土木工程及建築工程在施工營建中，工程本身或營建機具設備、材料等之意外毀損或滅失，以及對第三人傷害或財物損害所致法定賠償責任之綜合性保險。因建築物之興建處理多由定作人將設計者設計之工程，委由承攬人施工，而事後給予報酬，因此，本保險以承保承包商所承擔之風險為主要目的，以營造業（建築物之承攬人）為被保險人者居多。保險標的分為工程綜合損失保險及第三人意外責任保險兩部分。

二、保險標的

工程綜合損失保險標的包括：

(1)工程本體。

(2)臨時工程：如便橋、便道及鷹架等。

(3)施工機具設備。

(4)鄰近財物：被保險人所有在施工場所鄰近地點之財物。

(5)拆除清理費：為拆除受損標的及清理災害現場所發生之費用。

第三人意外責任保險則承保與工程無關係之人或其財物所受傷害或毀損之法定賠償責任。

三、承保範圍

工程綜合損失保險以全險為基礎，承保施工期間自工程開始至工程完工定作人驗收、接管或啟用為止，標的之毀損或滅失。

🐾 四、除外不保事項

(一)工程綜合損失保險

不保事項除了一般者外，重要之特殊不保事項有：

(1)因工程規劃、設計或施工規範之錯誤或遺漏所致之毀損或滅失。

(2)直接因材料瑕疵與使用不合規定材料所需之置換修理費用。

(3)任何維護或保養費用。

(4)清點或盤存時所發現保險標的之遺失、短少。

(5)定作人接收或啟用之工程發生之毀損或滅失。

(6)工程之一部分停頓。

(二)第三人意外責任保險

(1)因土地下陷、震動或土砂崩塌、擋土或支撐設施薄弱而致第三人土地、建築物或其他財產損害之賠償責任。

(2)因施工損害管線、管路或其他有關之設施所致之任何附帶損失等。

🐾 五、承保方式

保險金額依工程本體完工時之總造價為之，保險契約成立時先以發包之合約金額為保險金額，俟工程完工再按完工總造價調整之。第三人意外責任保險之保險金額則根據被保險人承擔損失之能力與支付保費多寡之意願而定。保險費率考慮：工程種類、被保險人過去之信譽及經驗、工地暴露之危險如洪水、颱風、地震、山崩之可能性。工程設計特色與施工方法、工程地質及地下水之情況、工地安全防範措施、施工季節及施工期間之長短等因素。

第二項　安裝工程綜合保險

❀ 一、意　義

安裝工程綜合保險 (erection all risks insurance) 與營造綜合保險同屬事件保險單，以綜合性方式提供工程施工期間之保險。本保險以安裝工程之承包人為主要對象。

❀ 二、承保範圍

本保險以全險方式承保各型鋼架結構物、各類機械設備於安裝時所致工程本體之損失、拆除清理費以及對第三人所致之法定賠償責任。

❀ 三、除外不保事項

保險人責任期間自保險標的卸置於施工處所後開始，至定作人接收或至第一次試車或負荷試驗完畢時終止。此試車或負荷試驗之期間以二十八天為限，被保險人並應於第一次試車或負荷試驗開始前二天以書面通知保險人；倘保險標的之任何部分一經完成試車或負荷試驗或經啟用，保險人對該部分之保險責任即告終止，但對其餘部分仍負保險責任；又保險標的倘非全新者，保險人之責任於試車或負荷試驗一經開始即告終止。不保事項主要者有：

(1)因設計錯誤、材料瑕疵、鑄造缺陷所致之毀損或滅失。

(2)直接或間接因地震、火山爆發或土地坍塌所致之毀損或滅失。

(3)清點或盤存時所發現之損失等。

❀ 四、承保方式

工程本體之保險金額為標的物於安裝完成時之總價額，包括出口地之裝船價、運費、關稅、安裝費用及附屬工程。

保險費率考慮因素：

(1)安裝工程種類。

(2)安裝廠商之經驗及信譽。

(3)天然災害之危險性。

(4)安裝過程使用吊車之次數。

(5)保險期間之長短。

(6)安全管理措施及保險標的物之明細金額。

保險人從標的物之明細金額能瞭解保險標的物各部分之金額分配比例，進而推知可能最大損失，藉以訂出合理費率。

第三項　鍋爐保險

一、意　義

自從十八世紀瓦特發明蒸氣機以來，人類社會即以鍋爐為動力產生之主要來源。人類利用水在密閉容器內加熱轉換成蒸氣所產生之壓力，推動渦輪機發電，供應電力；或利用此高溫蒸氣之熱能，作為烹煮、殺菌、加熱及烘乾之良好介質。但是鍋爐及壓力容器承受高溫、高壓易生爆炸危險，雖然裝有安全閥及其他安全控制設備，但意外事故仍不能完全避免，常釀成災，造成人員傷亡及財物損失，需要保險之保障，因而有鍋爐保險之產生。

二、承保範圍

鍋爐保險承保鍋爐及壓力容器於正常操作中發生爆炸或壓潰所致之毀損或滅失，及對於第三人傷害之法定賠償責任。鍋爐指可供燃燒之密閉容器，包含水罐及爐床兩部分；壓力容器指非可供燃燒、直接接受外來之蒸氣或其他熱媒，壓力超過大氣壓之密閉容器；正常操作指一般按規定操作之任何狀態，不包括進行各種試驗下之操作（鍋爐

為法定危險機械，其操作使用必須經政府主管機關檢查合格，故保險單規定：被保險人遵守政府所頒一切有關操作之法令規章，為保險理賠之先決條件）；所保事故「爆炸」指物體內部壓力過大所致形體之突然劇烈改變，外表破裂，內部散出；「壓潰」則指物體內部壓力改變，低於大氣壓力，所致形體之突然彎曲變形，不論外表有無破裂。

三、除外不保事項

(1)保險標的因滲漏、腐蝕或燃燒作用所致龜裂、物料裂損。

(2)因任何試驗所致之損失。

(3)直接或間接因火災、閃電、雷擊、颱風、洪水、地震、土地坍陷及其他自然災害所致之損失。

(4)因事故發生工作停工所致之損失等。

四、承保方式

保險金額以標的物之重置價格為準，所謂重置價格，指重新置換與該標的物同一廠牌、型式、規格、性能或相類似之新品價格。對於可修復之損失係按修復至原狀所需費用處理，並無新換舊之扣減；但全損或修復費用已超過毀損時之實際價值者，賠償以實值為限。

保險費率考慮：鍋爐及壓力容器種類、鍋爐使用燃料種類、標的物座落位置及管理與安全措施等因素。

第四項　機械保險

一、意　義

機械保險之英文名稱為 machinery breakdown insurance，依字義指承保機械故障之保險，其對於各種機械設備因突發不可預料之機械性、電氣性意外事故所致損失，給予相當廣泛之保障。

二、承保範圍

本保險不僅以全險為基礎，而且還承保下列原因所致損失；此類損失在傳統之保險是不予承保的：

(1)保險標的物因設計不當。

(2)材料、材質或尺度缺陷。

(3)製造、裝配缺陷。

(4)操作不良、疏忽或怠工。

(5)物理性爆炸、電氣短路、電弧或因離心力作用造成之撕裂。

所保之機械必須已安裝完工經試車或負荷試驗合格，並已正式操作者為限；但於保險期間保險人之責任不僅承保使用中之損失，並且包括為清理、修理、檢查或移動所為之拆卸、搬動及重新裝配與安裝時所致之損失。

三、除外不保事項

(1)其他保險承保之危險事故及天災：旨在避免保險競合及將可能造成鉅大損失之天然災變先予除外，改以特約加保方式處理，俾保險人保有選擇權；此所謂之其他保險指火災保險而言，保險單規定直接或間接因火災、化學性爆炸（火災保險附加之爆炸險所承保）、煙燻、竊盜、土崩、地陷、颱風、洪水、地震、火山爆發、海嘯以及航空器墜落、機動車輛之碰撞等引起之損失除外。

(2)使用年限較短或替換性工具設備：如刀具、切割工具、鑽頭、模具、皮帶、鏈條、襯墊及易破損之玻璃製品等，但與機械本體同時受損不在此限。

(3)燃料、潤滑油及觸媒之損失。

(4)戰爭、政治危險、罷工、暴亂、民眾騷擾及核子危險所致損失。

⑸被保險人之故意、重大過失或違法行為所致之損失。

⑹機械供應商依合約或法律應負之賠償責任。

⑺保險標的物之磨損、孔蝕、腐蝕、鏽垢及其他機械耗損。此非意外所致，屬於無法避免之損失，自應除外，但僅指直接影響所及部分，因而所致其他受損部分不在此限。

⑻契約生效前已存在並為被保險人或其主管人員知悉或應知悉之缺陷或瑕疵。

四、承保方式

本保險為時間保單，保險期間以一年為原則；保險金額以重置價格為準，其意義及處理與鍋爐保險相同。保險費率按機械類別、廠牌、製造年份、管理維修水準等因素計算。

第五項　營建機具綜合保險

一、意　義

營建機具綜合保險 (contractor's plant and machinery insurance) 承保各種營造建築工程所使用或安裝工程與養護工程所使用之各型機械設備，在保險單所載處所，於保險期間內因突發不可預料之意外事故所致之毀損或滅失，以及所致第三人損害之法定賠償責任。

二、承保範圍

本保險單以全險為基礎，承保除外不保事項以外任何突發不可預料之事故所致之損失。

三、除外不保事項

㈠營建機具損失保險

⑴保險標的物機械性或電氣性損壞與因潤滑不良、缺油或缺冷卻

　　劑等原因直接所致之毀損滅失。

⑵可替換之零件或配件如：鑽、錐、刀具、鋸條、模具等之損失。

⑶燃料、觸媒、冷卻劑及潤滑油之損失。

⑷因鍋爐、壓力容器或內燃機爆炸所致之損失。

⑸被保險人故意或重大過失所致之損失，例如將保險標的物置於
　臨海地區，任由海潮浸蝕。

⑹除經約定，保險標的物於運輸中所發生之損失。

⑺保險標的物磨損、腐蝕等不可避免之耗損。

⑻除經約定，保險標的物使用於地面之下，或浮載於水上時發生
　之毀損或滅失。

⑼任何維護或保養費用。

⑽清點或盤存時發現之毀損或滅失。

㈡第三人意外責任保險

⑴因損害管線、線路、管路或其他相關設施之任何附帶損失。

⑵保險標的物因其本身及其裝載物之重量或震動所致橋樑、道路
　或計量臺之毀損或滅失。

⑶除經約定，因土地下陷、震動、土砂崩坍、基礎擋土或支撐設
　施薄弱所致第三人土地、建築物或其他財物損失之賠償責任。

四、承保方式

　　本保險為時間保單，保險期間一年。營建使用之機具可附加在營
造綜合保險，亦得單獨投保本保險。其附加在營造綜合保險者，僅限
定於該施工期間在該施工處所所發生之損失，在其他處所施工、修理、
保養或存放以及運輸期間並無保障。保險單規定之處所得不予限制，
且可加保運輸中所發生之毀損滅失。

保險費率考慮因素：機具種類、廠牌、年份、規格、型式、置存或使用處所、工作性質、保險期間、保單自負額及保險金額等。

第六項　電子設備保險

🐾 一、意　義

電子設備之使用，提高吾人工作效率與品質，並使生活中各項作業邁入自動化，人類對之仰賴甚深，幾乎一日不可或缺。但電子設備常因諸多不明原因突然故障或損壞造成損失，為應需要市場因而有電子設備保險 (electronic equipment insurance) 之推出。

🐾 二、承保範圍

電子設備保險提供各型電子、電腦設備之所有人或租用人相當廣泛之保障，不僅以全險為承保基礎，更將傳統保險所不保之若干損失包含在內，堪稱為電子設備故障保險。實務上常見之損失危險有：①火災、爆炸、閃電、雷擊。②保險標的搬動時之碰撞、傾覆。③管線、線路破裂。④設計錯誤、材料、材質或尺度之缺陷。⑤製造、裝配或安裝之缺陷。⑥操作錯誤包括疏忽或惡意破壞。⑦機械性或電氣性故障。其他各種天然災害雖列為除外不保，但可經約定加費承保。本保險承保標的物在保險單所載處所，於保險期間內，因意外事故所致之毀損滅失。保險標的發生之事故，包括使用或修理、檢查或移動而為之拆卸、裝配、安裝中之損失，但均限於已安裝完工，經試用合格並正式操作者。

承保範圍分為三部分：電子設備本體損失、外在資料儲存體損失、及額外費用。外在資料儲存體損失指：外在資料儲存體如：磁帶、磁鼓、磁碟及其所存資料受損之重置費用；額外費用指：本體因意外事

故不能使用，被保險人為繼續原作業，租用臨時性替代設備所需之費用。

三、除外不保事項

㈠電子設備本體損失險

⑴電子設備直接或間接因天災所致毀損或滅失。天災指因颱風、洪水、地震、火山爆發、海嘯、山崩、地陷等引起之天然災害，但可經約定加費承保。

⑵直接或間接因竊盜所致之損失。

⑶直接或間接因瓦斯、自來水或電力服務或供給中斷所致之損失。

⑷標的物磨損、腐蝕及其他正常耗損。

⑸排除作業上障礙之費用，但因承保事故所致者，不在此限。

⑹保險標的物製造廠商或供應商依契約或依法應負之責任。

⑺保險標的物為承租者，所有權人依租賃契約或維護契約應負之責任。

⑻任何間接損失。

⑼消耗性零件或物件之更換。

㈡外在資料儲存體損失險

外在資料儲存體損失險之除外事項適用本體損失險之全部除外事項外，尚且包括被保險人錯誤之程式設計、不當之資料註銷及因磁場干擾所致資料之喪失。

㈢額外費用

額外費用之保障則不包括因政府當局對於承保之電子設備重造加以限制，而產生之任何增加費用與非設備本體損失險所保事故所致而產生之額外費用。

❤ 四、保險費的計算

保險費率係按保險標的物之廠牌、年份、規格、型式、用途或使用處所、保險期間及保險金額為因素個別釐訂。老舊設備易生損失，費率較高，甚至不予承保；設備裝設處所應高過街面高度以及加強磚造級以上之建築；大型標的物分成若干部分，全損機率低者，費率較低；全損機會大者，費率較高。移動式或攜帶型設備屬流動性危險，因損失頻率高，全損機會大，費率要求較高。

⌂ 第八節　健康保險 ⌂

❤ 一、意　義

健康保險又稱疾病保險，承保被保險人於保險期間內，因疾病所致之醫療費用支出，或因而導致喪失工作能力所造成之收入損失。因醫療成本不斷上漲、統計資料不易正確，使經營難以獲利，故我國保險業者多不願單獨承保，改以附約方式附加於人壽保險單或傷害保險單僅承保醫療費用支出；其以主約方式推出者，亦僅承保醫療費用支出；保險人為推廣業務計，都將保險事故加以擴大，包括因傷害所致之醫療費用。

❤ 二、承保方式

保險期間以一年為原則。保險事故「疾病」，指保險期間被保險人因內發原因所致，不包括身體衰老、機能衰退。為免帶病投保，保險單訂有等待期間，通常為三十天，亦即保險人對於被保險人於契約生效日起三十日以後所生之疾病，始負賠償之責。

給付方式分定額給付、實支實付及預付服務給付三種。

1. 定額給付

定額給付為按約定日額或項目給付，保險人按照住院日數或疾病項目（通常是手術項目）給付固定保險金。

2. 實支實付

實支實付為保險人在一定限額內，按照被保險人實際發生之醫療費用給付保險金。

3. 預付服務

預付服務給付為被保險人於傷病時至保險人指定之醫院診療，費用則由保險人直接支付該醫院。

以上三者以定額給付為常見，取其簡便易於處理。

三、除外不保事項

本保險以疾病或傷害住院診療為主要範圍，對於因下列原因所致者除外：

(1)被保險人之故意行為。

(2)被保險人之犯罪行為。

(3)非法施用毒品之行為。

(4)美容或外科整型，但為其基本功能所作之必要整型，不在此限。

(5)非因當次住院事故治療之目的所進行之牙科手術。

(6)裝設義齒、義肢、義眼、眼鏡、助聽器或其他附屬品，但因遭受意外傷害事故者，不在此限，且其裝設以一次為限。

(7)健康檢查、懷孕或分娩及其併發症（但懷孕相關疾病、醫療行為所必要之流產與剖腹產不在此限）、不孕症、人工受孕或非以治療為目的之避孕及絕育手術。

四、保險費的計算

本保險之費率考慮因素為被保險人之性別及年齡。保險人承保之年齡限制在被保險人出生後十五天起至五十五歲時止。一般通則，男性傷病機率較女性高，費率較高。

1. 男　性

男性十四歲以下者，因身體免疫力及心智發育尚未健全，易生傷病，費率最高；十四歲以上至四十歲費率較低；四十歲以上者，因身體健康情形及體力已漸衰退，仍需從事工作負擔家計，傷病機率高，費率較高。

2. 女　性

女性二十五歲至三十五歲正值生育階段，醫療費用遠比男性高；其餘年齡之醫療支出都比男性低，尤其四十歲以上之女性因已過生育期，且子女已成長，家務減少，傷病機率低，保險費率比同年齡男性有更顯著之差距。

第九節　傷害保險

一、意　義

傷害保險又稱人身意外保險 (life accident insurance)，承保被保險人於保險期間內，因遭受意外傷害事故，致其身體蒙受傷害而致殘廢或死亡時，由保險人依約給付保險金。所謂「意外傷害事故」，指非由疾病引起之外來突發事故。本保險以被保險人意外殘廢或死亡為給付範圍，但可附加承保傷害醫療給付。

二、承保範圍

1. 殘　廢

　　殘廢依身體部位分級分項，被保險人於保險期間遭受意外傷害事故，自意外傷害事故發生之日起一百八十日內致成殘廢、或超過一百八十日殘廢而能證明其間具有因果關係者，保險人按殘廢程度表所列之給付比例以保險金額計算給付之。同一意外事故有二項以上殘廢程度時，保險人給付各項殘廢金之和；但不同殘廢項目屬於同一手或同一足時，僅給付一項殘廢保險金，若殘廢項目所屬殘廢等級不同時，給付較嚴重項目之殘廢保險金；被保險人因本次意外傷害事故所致之殘廢，如合併以前之殘廢可領較嚴重項目之殘廢保險金者，保險人按較嚴重之項目給付殘廢保險金，但以前之殘廢視同已給付殘廢保險金，應扣除之。

2. 死　亡

　　死亡保險金之給付，保險人對於被保險人在保險期間遭受約定之意外傷害事故，自意外傷害事故發生之日起一百八十日以內死亡，或超過一百八十日死亡而能證明其間具有因果關係者，負給付責任。身故給付在保險單上有若干限制之規定，被保險人為未滿十五足歲之未成年人，其身故保險金之給付於被保險人滿十五足歲之日起發生效力；以精神障礙或其他心智缺陷，致不能辨識其行為或欠缺依其辨識而行為之能力者為被保險人，其身故保險金變更為喪葬費用保險金；此喪葬費用保險金額總和，不得超過訂立保險契約時《遺產及贈與稅法》第 17 條有關遺產稅喪葬費扣除額之半數；如要保人向二家以上保險公司投保，且其投保喪葬費用保險金額合計超過前項所定之限額者，保險人之責任則以要保時間先後，依約給付喪葬費用保險金至前項喪葬

費用額度上限為止。

三、除外不保事項

　　傷害保險以被保險人意外傷害致殘廢或死亡為保險人責任範圍，其除外事項有：要保人或被保險人之故意行為、犯罪行為、酒後駕(騎)車所含酒精成分超過法令規定者，又被保險人從事下列活動而致者，保險人亦不負給付責任：角力、摔跤、柔道、空手道、跆拳道、馬術、拳擊、特技表演、汽車及機車與自由車等競賽或表演。

四、保險種類

　　⑴普通傷害保險，承保期間一年。

　　⑵團體傷害保險，提供團體中多數成員之傷害保障。

　　⑶旅行傷害保險，承保旅遊期間之傷害保障。

　　⑷職業傷害保險，保障從事某種職業之人執行職務所致之傷害。

五、保險費的計算

　　傷害保險之保險費依被保險人職業等級計算；我國保險業將職業等級分成六等級，等級愈高，表示危險發生率愈高，保險費因而愈高。保險期間職業變更或職務變更時，要保人或被保險人應即時通知保險人，所變更之職業或職務其危險減低者，保險人應按差額比率退還未滿期保險費；其危險增加時，保險人以差額增收未滿期保險費；若變更職業或職務屬於保險人拒保範圍，保險人退還未滿期保險費；若危險增加未通知保險人而發生保險事故者，保險人按其原收保險費與應收保險費之比率折算給付保險金，但變更屬於保險人拒保者，保險人不負給付保險金責任。

第十九章

社會保險

🏠 第一節　社會保險之特徵 🏠

社會保險 (social insurance) 為社會政策之保險。換言之，亦即為實施社會政策之一種手段。社會保險之內容，雖頗廣泛，但與普通商業保險不同，其主要之特徵有下列各點：

1. 保險對象

社會保險必須以社會大多數人為對象。蓋社會政策之實施，以解決社會問題為目的，某種事項之成為社會問題，必與大多數人發生關係，如勞工保險以大多數勞動者為對象，國民健康保險以全體國民為對象。

2. 保費負擔

社會保險保費之負擔，並不以被保險人為限，常由政府及雇主與之共同分擔，所以減輕被保險人之負擔，使其有加入保險之機會。

3. 施行方法

社會保險大都為強制性質。社會保險既以社會大多數人為對象，故必須強制大多數人之加入，始能收社會政策實施之功效。

4. 經營目的

社會保險並不以營利為目的，而以實施社會政策為目的。政府舉辦社會保險，自不能有營利之因素參雜其間。

5.經營主體

社會保險應以國營或公營為原則。社會保險之應以何者為經營之主體,學者間不一其說。但就原則而論,社會保險既以實施國家社會政策為目標,其由國營或公營,自較易收實效。

🏠 第二節　社會保險之危險事故 🏠

社會保險所包括之危險事故,其種類頗多,如傷害、疾病、生育、殘廢、死亡、老年、失業等皆是。惟依各種危險事故之性質,可歸納於傷害、疾病、老年及失業四種保險之範圍內。因疾病與生育,對醫療與護理之需要相同;殘廢與死亡,乃傷害與疾病之結果,可分別在傷害保險與疾病保險內一併論及;殘廢年金,亦與老年年金之性質類似。因而社會保險之危險事故,仍以傷害、疾病與生育、老年及失業為主。茲將上述四種危險事故之性質,分別說明如下。

🤱 一、傷　害

社會保險中之傷害保險,其所承保之危險事故,除普通傷害外,主要係指職業傷害而言。所謂職業傷害,必須因執行職務所受之傷害,始能享受社會保險之利益。執行職務之意義,各國法律解釋頗不一致,在工作時間、因工作而受之傷害,固為因執行職務所受之傷害;即使上班與下班時,勞動者往返於工場住宅之間,在正常必經之路途中,非因自己過失而受之傷害,均可謂為因執行職務所受之傷害。

🤱 二、疾病與生育

疾病危險,並不限於由職業關係而發生者,凡一般被保險人有任何健康失常情形,暫時喪失工作能力者屬之。雖其與傷害之情形不相一致,但其對勞動者物質與精神之損失,以及勞動效率與生產發展之

影響，全屬相同。近年來，一般人對於疾病之觀念有所改變，認為預防勝於治療，逐漸由個人身體之病害，轉移而注重家庭環境與工作場所之衛生，以達保健之目的。因而現今各國制定之法規，亦皆改稱疾病保險為健康保險，並有健康保險之利益及於一般國民，故又名國民健康保險。

　　被保險人因受傷與疾病之醫療費用，在我國由全民健康保險給付，而於傷病期間不能工作之薪資損失，則視各社會保險之規定給予傷病給付。至於生育給付亦依各社會保險之規定辦理。

三、老　年

　　由於科學之發達，醫藥之進步，一方面人民壽命延長，死亡率降低，老年人所占全部人口之百分率亦較前為高。另一方面新機器之使用，與新方法之採取，使一般年齡較大之勞動者，無法改變其思想行動與勞作方式，以適應新技術之需求，因而喪失其工作能力。於是老年人生活之如何維持，成為嚴重之社會問題。

　　老年保險金之受領，主要以年齡為根據，通常以六十歲或六十五歲為老年給付之始期。此外往往復有加入保險若干年以上，繳付保險費若干次以上之限制。

四、失　業

　　失業問題之存在，由來已久；但失業問題之嚴重，則為最近數十年間之事。蓋工業之急速進步，人口密集於都市，一旦生產技術有所改進，經濟循環轉趨衰落，勞動市場發生動盪等各種原因，皆足以使失業人數頓時增加，失業問題立呈嚴重。所謂失業者，係指有工作能力與工作志願，而一時無法獲得與其技能相稱，或依當地情形認為可以接受之條件之工作。

失業保險之實施，常須與就業輔導制度相輔而行，即失業勞動者於失業後之特定期間內，必須先行申請就業輔導機構輔導就業；如輔導不成，然後始可受領失業給付。故就業輔導制度之健全，不但可調劑勞力供求，減少失業人數，並可減少保險資金之負擔。

🏠 第三節　社會保險之給付 🏠

第一項　傷害保險之給付

勞動者遭受傷害時，首先應獲得充分之醫藥，包括臨時急救，內外科治療，以及必要之藥品與設備，使受傷者得以早日恢復工作能力，並節省保險人以後之現金給付。其次勞動者可請求工資損失之補償，以及家庭生活之維持。再如勞動者因傷致死，其遺屬尚可請求喪葬費用與孤寡給付。故傷害保險之給付，包括現金給付與醫療給付。

🤚 一、現金給付

現金給付中 (cash benefits) 通常包括傷害給付、殘廢給付與死亡給付三種：

1. 傷害給付 (injury benefits)

即勞動者受傷，致一時不能工作因而損失之工資收入，保險人給予相當之金額，以維持其生活。在傷害給付時，各國法規中，均有待期制度之規定，即勞動者受傷後，必須經過相當期間（通常為三日），始能獲得傷害給付。而給付金額之大小，規定亦不一致，一方面應考慮勞動者之生活程度，他方面並須顧及各方面之負擔能力，普通為原有工資之半數或 70%，視疾病原因而定。給付期間以六個月最為普遍，最長亦有一年者。

2.殘廢給付 (disability benefits)

　　殘廢有局部殘廢與全部殘廢之分,前者指永久喪失局部工作能力,後者指永久喪失全部工作能力。局部殘廢給付,其目的在補償工資之損失,故應以殘廢之輕重為標準,各國皆以法令規定局部殘廢與給付金額標準表,以資根據。全部殘廢給付,在理論上應以終身為原則,採行年金辦法,但事實上仍應兼顧各方面之負擔能力。

3.死亡給付 (death benefits)

　　死亡給付,包括喪葬費用 (burial expense) 及遺屬給付 (dependent's benefits)。喪葬費用,通常皆為一次給付。遺屬給付,有一次給付與分期給付兩種。一次給付其利可使其遺屬利用以經營謀生,其弊如其遺屬處理不當,生活仍將無以為繼。

二、醫療給付

　　醫療給付 (medical benefits) 問題,較為複雜。醫師或醫院之應由被保險人選擇或由保險人選擇,各有利弊,頗難論斷。通常較為簡易之辦法,由保險人事先指定醫師或醫院,被保險人可隨時前往就醫,全部免費或一部免費,自須斟酌各方面負擔能力決定。但為被保險人便利計,應儘量指定多數醫師或醫院;並在指定範圍內,使其有自由選擇之權利。如財力充裕,自可由保險人自設保險醫院,以便管理。我國因實施全民健康保險,幾乎所有公、私營醫院、診所都加入健保診療,故無選擇醫院、醫師之問題。

第二項　疾病與生育保險之給付

　　疾病保險(健康保險)之給付,依各國施行之通例,包括現金給付與醫療給付兩種,現金給付中,又可分為疾病給付、殘廢給付及死

亡給付等。

一、現金給付

1.疾病給付

與傷害給付相同,疾病給付亦有待期制度之規定,此種規定,無非使被保險人所受領之給付,至少有一部分係自己所繳之保險費,而為減少國庫之負擔而已。至於等待期間與給付期間亦與傷害給付大致相同。

2.殘廢給付及死亡給付

因傷害而致殘廢或死亡,有殘廢與死亡給付之規定;因疾病所致殘廢或死亡,其情形大致相同,不再複述。

二、醫療給付

疾病保險之一般趨勢,即由現金給付轉為醫療供給。即由保險人提供醫療服務,被保險人至保險人指定之醫院診療,費用則由保險人直接支付該醫院。例如我國所實施之全民健康保險即是。

生育保險之給付,在多數國家之社會保險制度中,均有適當之規定,即對被保險人本人或其配偶,因生育而需若干額外費用之支出,及其生育而無法從事工作以致薪資所得之損失,可藉保險獲得補償。生育給付中,通常包括現金給付與醫療給付,醫療給付係對產婦提供助產醫療服務,現金給付則有生育補助費。

第三項 老年保險之給付

社會保險之給付有採年金制度者,主要包括下列三種,而以老年年金為常見。

一、老年年金

老年保險之給付，通常皆採終身年金制。按照薪資一定比例分期給付。在我國採取平均月投保薪資為基礎，按照被保險人保險期間之月投保薪資予以平均計算求得月投保金額，再按投保年資與一定比例計算給付。

二、殘廢年金

殘障年金又稱為失能年金，於被保險人遭受傷病經治療而無治療效果，或經一定期間之治療尚未痊癒，身心遺存嚴重障礙，由保險人指定之醫院診斷確認，並評估無工作能力者，由保險人給付終生失能年金。

三、遺屬年金

被保險人在保險有效期間死亡時，其遺屬得請領遺屬年金給付。

第四項　失業保險之給付

失業保險之給付，通常有一定之限制條件，大致包括下列各點：

(1)申請失業給付，必須在失業前曾經一定之服務期間。

(2)申請人並非由於行為不當、自行放棄工作、或勞資爭議等情形而脫離原有工作。

(3)受領人必須願意擔任其經常從事之工作，並受領經常之工資。

(4)受領人在受領給付期間，必須與就業輔導機構保持聯繫。

失業給付在受領前，往往有待期制度之規定，即須在失業後經過相當時日始能受領。在我國規定為十四天，即被保險人具有工作能力及繼續工作意願而非自願離職者，自其向公立就業服務機構辦理求職登記之日起十四天內，仍無法推介就業或安排職業訓練時，得請領失

業給付。

　　失業保險之給付金額，通常按被保險人失業前投保薪資，支給定額給付。給付期間，以六個月最常見，但在若干特殊情況下可申請延至九個月。

　　實施失業保險之國家，多數以失業保險法為根據。我國於九十一年公布《就業保險法》，九十二年一月一日正式實施，在此之前之失業給付則依《勞工保險條例》之規定辦理。《就業保險法》公布施行後，使失業保險之目標，由補償失業轉向於促進就業，在觀念上為一大革新。

🏠 第四節　社會保險之保險費 🏠

　　社會保險所包括危險事故之範圍甚廣，因而其損失機率之種類亦甚多，如傷害率、疾病率、殘廢率、生育率及死亡率等，雖其依據之自然因素較多，但與醫學進步，工廠設施，生產方式等社會因素，亦有密切之關係。復如失業率、退休率、工業災害率、預定利率及薪資指數等，主要又受人為之社會因素所左右。以自然因素及歷年實績作為統計，尚可有所依據；而社會因素則變化殊多，比較缺乏一定之成規。因之社會保險保險費率之計算，一方面其損失機率已極複雜，另一方面，其給付範圍與給付標準，非但應力求適應被保險人之共同需要，並須能滿足彼等之共同需要。

　　此外，在收費方面，尤須顧及有關方面之負擔能力，負擔能力又決定於國民所得之大小，財富分配之情況，被保險人收入之標準，在在皆足以影響保險費率之釐訂；而國家社會政策之是否積極，國民心理之向背，社會輿論之從違，對保險費之計收標準，影響亦大。因此

社會保險保險費率之計算，除其基本因素外，不能不就更多之有關因素，加以考慮，妥謀協調，庶能達成公平合理之要求。

第五節　我國現行之社會保險

第一項　勞工保險

勞工保險為社會保險之一部門，現代進步國家，無不積極推行，藉以提高社會生產效能，促進社會經濟繁榮。同時各國咸認為勞工為社會生產之中堅，經濟開發之基本隊伍，且其人數往往占總人口極大比率，故於推行社會保險時，皆以實施勞工保險為首要。

我國政府為保障勞工生活，促進社會安全，於民國三十九年三月起在臺灣省舉辦勞工保險，其範圍僅及產業工人與交通工人，四十年九月、四十二年三月及四十五年七月，先後續辦職業工人保險、漁民保險及蔗農保險。自四十九年二月二十四日起，中央立法之《勞工保險條例》，首先在臺灣省實施，將以前產業、職業、漁民、蔗農四項單行保險法規，融合於同一體系之中。嗣於民國五十七年、六十二年及六十八年三次修正，擴大保險範圍，提高給付標準，法制因以繁備，我國勞工保險之基礎從此奠立。嗣後迄一〇四年，又經數次修正，施行至今。

第一目　保險對象

《勞工保險條例》有關保險對象之規定，分強制投保與自願投保兩部分。

一、強制被保險人

中華民國國民年滿十五歲以上，六十歲以下之下列勞工，應全部

加入：

(1)受雇於雇用勞工五人以上之公營民營工廠、礦場、鹽場、農場、
　牧場、林場、茶場之產業勞工及交通、公用事業之員工。

(2)受雇於雇用五人以上之公司、行號之員工。

(3)受雇於雇用五人以上之新聞、文化、公益及合作事業之員工。

(4)政府機關、公私立學校之技工、司機、工友、約聘、約雇人員。

(5)政府登記有案之職業訓練機構受訓技工。

(6)受雇從事漁業生產之勞動者。

(7)無一定雇主或自營作業而參加職業工會者或漁會之甲類會員。

以上各項所稱勞工，包括在職外國籍員工。

✊ 二、自願被保險人

包括下列之勞工

1.上列各項所定各業以外之勞工自願參加勞工保險者，得比照規
定辦理。

2.上列(1)、(2)、(3)項各業所雇用之員工未滿五人者。

3.實際從事勞動之雇主。

4.參加海員總工會或船長工會為會員之外雇船員。

5.被保險人有下列情形者，得繼續參加勞工保險：

(1)應徵召服兵役者。

(2)派遣出國考察、研習或提供服務者。

(3)因傷病請假留職停薪普通傷病未超過一年，職業災害未超過二
　年。

(4)在職勞工年逾六十歲繼續工作者。

(5)因案停職或被羈押，未經法院判決確定者。

第二目　保費負擔

　　勞工保險之被保險人，一般經濟能力較為薄弱，因而其保險費之負擔，或由雇主繳納大部分，或由政府補助一部分，或由漁貨成交價款之總額中扣徵。雖其方式不同，但其目的則一，無非為移轉社會所得，共同保障勞工經濟生活之安定。

一、保險費率

　　勞工保險之保險費率，分為普通事故保險費率與職業災害保險費率兩部分，前者按被保險人當月之月投保薪資 7.5% 至 13% 擬訂；後者按被保險人當月之月投保薪資，依職業災害保險費率表之規定辦理。

二、保險費分擔

　　⑴有雇主及職業訓練機構之被保險人，普通事故保險費由被保險人負擔 20%，雇主負擔 70%，政府補助 10%；職業災害保險費全部由雇主負擔。

　　⑵無一定雇主之職業工會勞工，普通事故保險費及職業災害保險費，均由政府補助 40%，被保險人負擔 60%；漁會之會員則由政府補助 80%，被保險人負擔 20%。

第三目　保險給付

　　勞工保險之給付項目，有下列兩類：

1. 普通事故保險

　　分生育、傷病、失能、老年及死亡等五種給付。

2. 職業災害保險

　　分傷病、醫療、失能及死亡等四種給付。

　　給付之內容，分現金給付與醫療給付兩部分。普通事故醫療費用由健保局給付，職業災害醫療費用則由勞工保險局支付給診療之特約

醫院。現金給付則按被保險人發生保險事故之當月起前六個月平均月投保薪資計算；其以日為給付單位者，以平均月投保薪資除以三十日為日給付額。但老年給付按被保險人退休之當月起前三年之平均月投保薪資計算。

一、生育給付

生育給付項目分為分娩費及生育補助費。分娩費已改由全民健康保險給付。生育補助費於被保險人分娩或早產者，按平均月投保薪資一次給與生育補助費六十日。

二、傷病給付

1. 職業傷病

自不能工作之第四日起，按被保險人平均月投保薪資 70% 發給職業傷害補償費及職業病補償費，每半個月給付一次，以一年為限，逾期未痊癒者，減為平均月投保薪資之半數，以一年為限。

2. 普通傷病

自不能工作之第四日起按被保險人平均月投保薪資半數發給普通傷害補助費或普通疾病補助費，每半個月給付一次，以六個月為限，但保險年資滿一年以上者，增加給付六個月。

三、失能給付

1. 普通傷病失能

被保險人遭普通傷病而永久失能符合失能給付標準規定者，得按其平均月投保薪資依規定之標準請領失能補助費。經評估為終身無工作能力者，得請領失能年金給付。年金給付標準，依被保險人之保險年資計算，每滿一年，發給其平均月投保薪資之 1.55%；金額不足 4,000元者，按 4,000 元發給。

2.職業傷害失能

被保險人遭遇職業傷病而永久失能符合失能給付標準規定者，得請領失能補助費。領取金額之計算方式與普通傷病失能相同，其一次請領時並按平均月投保薪資依規定之給付標準，增給 50% 之失能補償費。經評估為終身無工作能力者，得請領失能年金給付，除依規定發給年金外，另按月投保薪資，發給二十個月職業傷病失能補償一次金。

請領失能年金給付者，同時有符合規定條件之眷屬時，每一人加發上述年金金額 25% 之眷屬補助。

四、老年給付

政府為保障勞工之老年生活，積極推動勞保給付年金化，於修訂之勞工保險條例中規定有年金給付之辦法，與舊制雙軌並行。其於老年給付採年金給付者，即為俗稱之勞保年金。

㈠請領條件

1.年　　金

⑴被保險人年滿六十歲保險年資合計滿十五年者，得依規定請領老年年金給付。

⑵被保險人擔任具有危險、堅強體力等特殊性質之工作合計滿十五年，年滿五十五歲者，得請領老年年金給付。

2.一次給付

被保險人符合下列規定之一時，得選擇一次請領老年給付：

⑴參加保險之年資合計滿一年，年滿六十歲或女性被保險人年滿五十五歲退職者。

⑵參加保險之年資合計滿十五年，年滿五十五歲退職者。

⑶在同一投保單位參加保險之年資合計滿二十五年退職者。

(4)參加保險之年資合計滿二十五年，年滿五十歲退職者。

(5)擔任具有危險、堅強體力等特殊性質之工作合計滿五年，年滿五十五歲退職者。

㈡計　算

1.年　金

老年年金給付，依下列方式擇優發給：

(1)保險年資合計每滿一年，按其平均月投保薪資之 0.775% 計算，並加計 3,000 元。

(2)保險年資合計每滿一年，按其平均月投保薪資之 1.55% 計算。

被保險人符合請領老年年金給付條件而延後請領者，每延後一年，加給應領年金之 4%，以 20% 為限。

被保險人年資滿十五年未符合請領老人年金給付年齡者，得提前五年請領老年年金給付，每提前一年減給依上述方式計算之年金給付金額之 4%，最多減 20%。

2.一次給付

請領老年一次金給付者，其保險年資合計每滿一年，按其平均月投保薪資發給一個月；其保險年資合計超過十五年者，超過部分，每滿一年發給二個月，最高以四十五個月為限。被保險人逾六十歲繼續工作者，其逾六十歲以後之保險年資，最多以五年計，合併六十歲以前之一次請領老年給付，最高以五十個月為限。

❤ 五、死亡給付

㈠被保險人本人死亡

除了喪葬津貼按被保險人平均月投保薪資一次發給五個月外，遺有配偶、子女、父母、祖父母、受其扶養之孫子女或受其扶養之兄弟、

姊妹符合規定條件者，得請領遺屬年金給付，直至所規定停止發給之情形發生時為止；或選擇一次請領遺屬津貼。

1.年　金

選擇遺屬年金者，依被保險人之保險年資合計每滿一年，按其平均月投保薪資之 1.55% 計算，給付金額不足 3,000 元者，按 3,000 元發給；因職災所致死亡時，除依上述規定給付年金外，另按被保險人平均月投保薪資，一次發給十個月職業災害死亡補償一次金。

2.一次給付

選擇一次請領遺屬津貼者，則依保險年資按被保險人平均月投保薪資以一定基數發給，以最低十個月，最高三十個月為限；因職災所致死亡時，遺屬津貼則按被保險人平均月投保薪資發給四十個月。

㈡眷屬死亡

被保險人之父母、配偶或子女死亡時，以被保險人平均月投保薪資發給不同基數之喪葬津貼：

⑴被保險人之父母、配偶死亡時，發給三個月。

⑵被保險人之子女年滿十二歲死亡時，發給二個半月。

⑶被保險人之子女未滿十二歲死亡時，發給一個半月。

第二項　公教人員保險

公教人員保險之推行，一方面在謀全體公務人員經濟生活之安定，使其無匱乏之虞，均能久於其任、提高行政效率。另一方面為促進私立學校健全發展、安定其教職員生活，使能安心專注教育工作、培養人才。

本保險之法源是《公教人員保險法》，結合前之《公務人員保險法》

及《私立學校教職員保險條例》而來。《公務人員保險法》於民國四十七年公布施行，《私立學校教職員保險條例》於民國六十九年公布施行，結合兩法之《公教人員保險法》則於民國八十八年公布實施。嗣後迄一〇四年，又經數次修正，施行至今。

第一目　保險對象

依照《公教人員保險法》之規定，保險對象包括下列三大類：

(1)法定機關編制內之有給專任人員。

(2)公立學校編制內之有給專任教職員。

(3)依私立學校法規定，辦妥財團法人登記並經主管教育行政機關核准立案之私立學校編制內之有給專任教職員。

符合上列規定之保險對象，應一律參加本保險，保險期間自承保日起至退出本保險前一日止。

第二目　保費負擔

本保險之保險費率，為被保險人每月保險俸（薪）額 7% 至 15%，由被保險人自己負擔 35%，政府補助 65%，但私立學校教職員則由政府及學校各補助 32.5%。

第三目　保險給付

公教人員保險之給付，包括失能、養老、死亡、眷屬喪葬、生育及育嬰留職停薪等六項。

一、失能給付

被保險人因執行公務或服兵役致成全失能者給付三十六個月，半失能者給付十八個月，部分失能者給付八個月。因疾病或意外傷害致成全失能者給付三十個月，半失能者給付十五個月，部分失能者給付六個月。

二、養老給付

被保險人依法退休、資遣者或繳付保險費滿十五年並年滿五十五歲以上而離職退保者，按下列方式予以養老給付。

㈠一次養老給付

依其保險年資每滿一年給付一點二個月，最高以四十二個月為限，畸零月數按比例發給。

㈡養老年金給付

被保險人符合下列條件之一者，給予養老年金給付，按保險年資每滿一年，在給付率 0.75% 至 1.3% 之間核給，最高採計三十五年，總給付率最高 45.5%。

(1)繳付保險費滿十五年以上且年滿六十五歲。

(2)繳付保險費滿二十年以上且年滿六十歲。

(3)繳付保險費滿三十年以上且年滿五十五歲。

但被保險人所領取之養老年金給付加計每月退休給與之總合，不得超過最後在職投保俸額二倍之 80%，超過者，應調降養老年金給付。

三、死亡給付

被保險人因公務致死亡者，給付三十六個月。因病故或意外傷害而致死亡者，給付三十個月；繳付保險費二十年以上者，給付三十六個月。

四、眷屬喪葬給付

被保險人之眷屬因疾病或意外傷害而致死亡者，父母及配偶，發給喪葬津貼三個月；年滿十二歲未滿二十五歲之子女，發給喪葬津貼二個月；已為出生登記且未滿十二歲之子女，發給喪葬津貼一個月。

🔊 五、育嬰留職停薪給付

被保險人加保年資滿一年以上，養育三足歲以下子女，辦理育嬰留職停薪並選擇繼續加保者，得請領育嬰留職停薪津貼。以被保險人育嬰留職停薪之日起按月發給；最長發給六個月。但留職停薪期間未滿六個月者，以實際留職停薪月數發給；未滿一個月之畸零日數，按實際留職停薪日數計算。

同時撫育子女二人以上者，以請領一人之津貼為限。

夫妻同為被保險人者，在不同時間分別辦理同一子女之育嬰留職停薪並選擇繼續加保時，得分別請領。

🔊 六、生育給付

被保險人繳付保險費滿二百八十日後分娩，或繳付保險費滿一百八十一日後早產者，給予二個月生育給付，雙生者比例增給。

第三項　軍人保險

軍人為國家干城，效命疆場，任務艱辛，貢獻巨大。且其出生入死，危險特多，無論其為國捐軀，或因公傷殘，皆屬戰爭危險範圍，而為普通人身保險所除外。因此由政府舉辦軍人保險，保障官兵及眷屬生活，增進官兵福利，實足以鼓勵國民服役，提高三軍士氣。

於民國四十五年十二月十八日，首先頒布施行《陸海空軍軍人保險條例》，嗣於五十九年二月十二日公布《軍人保險條例》，使全體軍人均能納入保險範圍。嗣後迄一〇四年，又經數次修正，施行至今。依照規定，國防部為主管機關，其業務得委託其他機關或公營事業機構辦理。

第一目　保險對象

保險對象所包括之範圍如下：

(1)現役軍官、士官、士兵，含義務役軍官、士官、士兵與志願役軍官、士官。

(2)軍事學校之軍費學生。

第二目　保費負擔

軍人保險之保險費，以被保險人保險基數金額為計算標準（保險基數金額，即被保險人月支本俸），按月 3% 至 8% 繳納；保費由被保險人自付 35%，政府補助 65%，但義務役士官、士兵之保費，全額由政府負擔；已繳保險費滿三十年之被保險人，其保險費由國庫負擔。

第三目　保險給付

軍人保險之保險給付，分死亡、殘廢、退伍及育嬰留職停薪等四種，以被保險人事故發生月份之保險基數為計算標準。

一、死亡給付

被保險人作戰死亡，給付四十八個基數；因公死亡，給付四十二個基數；因病或意外死亡，給付三十六個基數。

二、殘廢給付

被保險人作戰、因公及因病或意外成殘時，按國防部所訂定之殘廢等級，給與不同基數之殘廢給付，如下表所示：

	作戰成殘	因公成殘	因病或意外成殘
一等殘	四十個基數	三十六個基數	三十個基數
二等殘	三十個基數	二十四個基數	二十個基數
三等殘	二十個基數	十六個基數	十二個基數
重機障	十個基數	八個基數	六個基數

🐾 三、退伍給付

被保險人退伍時，因參加保險年資之長短，有下列規定：

(1)保險滿五年者，給付五個基數。

(2)保險超過五年者，自第六年起至第十年，每超過一年，增給一個基數。

(3)保險超過十年者，自第十一年起至第十五年，每超過一年，增給二個基數。

(4)保險超過十五年者，自第十六年起至第二十年，每超過一年，增給三個基數。

(5)保險滿二十年者，每超過一年，增給一個基數，最高以四十五個基數為限。

(6)保險未滿五年，未曾領受殘廢給付或育嬰留職停薪津貼者，照最後月份繳費標準，退還其以往各月自付部分保險費。

🐾 四、育嬰留職停薪津貼給付

被保險人之保險年資滿一年，子女滿三歲前，辦理育嬰留職停薪並選擇繼續加保者，得請領育嬰留職停薪津貼。以被保險人育嬰留職停薪當月起，前六個月平均保險基數 60% 計算，於育嬰留職停薪期間按月發給，最長發給六個月。但留職停薪期間未滿六個月者，以實際留職停薪月數發給；未滿一個月之畸零日數，按實際留職停薪日數計算。

同時撫育子女二人以上者，以請領一人之津貼為限。

父母同為被保險人者，在不同時間分別辦理同一子女之育嬰留職停薪並繼續加保時，得分別請領。

🐾 五、眷屬喪葬津貼給付

被保險人之眷屬因疾病或意外傷害致死亡者，發給喪葬津貼。父母及配偶發給三個基數；年滿十二歲未滿二十五歲子女發給二個基數；已為出生登記且未滿十二歲子女發給一個基數。

第四項　農民健康保險

政府為推行社會政策，維護農民健康，增進農民福利，促進農村安定，自民國七十四年十月起在臺灣省試辦農民健康保險。數年以來，頗著績效，乃經立法程序制訂《農民健康保險條例》，於七十八年七月一日起全面實施。嗣後迄一○四年，又經數次修正，施行至今。

第一目　保險對象

本保險規定，凡依《農會法》第 12 條所定之農會會員從事農業工作未領取相關社會保險老年給付者，得參加本保險為被保險人；又非農會會員年滿十五歲以上從事農業工作之農民未領取相關社會保險老年給付者，亦得參加而為本保險之被保險人。惟其係應該參加或已參加軍人保險、公教人員保險或勞工保險者，則予除外。但同時符合國民年金保險加保資格者，得選擇參加該保險，不受《國民年金法》第 7 條有關應參加或已參加本保險除外規定之限制；其未參加本保險者，視為選擇參加國民年金保險。

第二目　保費負擔

農民健康保險之保險費按被保險人月投保金額 6% 至 8% 計算。其月投保金額則依勞工保險前一年度實際投保薪資之加權平均金額擬訂，由中央主管機關核定。

保險費由被保險人自行負擔 30%，政府補助 70%。政府補助部分，

在直轄市，中央主管機關負擔 40%，直轄市負擔 30%；其由縣（市）負擔者，中央主管機關負擔 60%，縣（市）負擔 10%。

第三目　保險給付

農民健康保險之保險事故，分為生育給付、殘廢給付及喪葬津貼等三種，醫療給付部分併入全民健康保險辦理。

一、生育給付

被保險人或其配偶參加保險年資合於規定者，本人或配偶於分娩或早產時，按其事故發生當月之投保金額一次給與二個月。發生流產時，一次給與一個月。雙生以上者，比例增給。

二、殘廢給付

被保險人因傷害或疾病致成永久身心障礙時，按其當月投保金額，依規定之身心障礙等級及給付標準表，一次請領身心障礙給付。

三、喪葬津貼

被保險人死亡時，按其當月投保金額，給與喪葬津貼十五個月由支出殯葬費之人領取。

第五項　全民健康保險

《憲法》第 155 條規定，國家為謀社會福利，應實施社會保險制度。政府因此陸續辦理各種社會保險保障國民，其中，提供國民適當醫療服務，增進全體國民健康之全民健康保險，為政府在社會政策方面最迫切需要推展之措施。

我國《全民健康保險法》於民國八十三年七月十九日立法院三讀通過，同年八月九日總統公布，並於八十四年三月一日開始實施，嗣後迄一○六年，又經數次修正，施行至今。全民健康保險由行政院衛

生署為主管機關，成立中央健康保險局負責辦理，亦即全民健康保險之保險人為中央健康保險局。

本保險為全民性之保險，政府為整合公、勞、農保之醫療資源於一體，規定自實施之日起，各種社會保險有關之疾病、醫療給付即自動停止，併入本保險處理。

第一目　保險對象

全民健康保險之保險對象，包括被保險人及其眷屬。具有中華民國國籍，並符合下列各類規定資格之一者，均應參加本保險。

1.最近二年內曾有參加本保險紀錄且在臺灣地區設有戶籍，或參加本保險前六個月繼續在臺灣地區設有戶籍。

2.參加本保險時已在臺灣地區設有戶籍之下列人員：

⑴政府機關、公私立學校專任有給人員或公職人員。

⑵公民營事業、機構之受雇者。

⑶前二目被保險人以外有一定雇主之受雇者。

⑷在臺灣地區出生之新生嬰兒。

⑸因公派駐國外之政府機關人員與其配偶及子女。

此外，在臺灣地區領有居留證明文件，並且在臺居留滿六個月或有一定雇主之受雇者，以及在臺灣出生之新生嬰兒亦應參加本保險為保險對象。

基於實施便利，全民健康保險之被保險人分為六類，每類被保險人均有其歸屬之投保單位。

第一類	公務人員及公職人員、私校教職員、公民營事業機構之受雇者、有一定雇主的受雇者、雇主及自營業主、專門職業及技術人員自行執業者

第二類	無一定雇主而參加職業工會者、外雇船員
第三類	農民、漁民、水利會會員
第四類	義務役軍人、服替代役者、軍校學生、軍人遺族、受刑人
第五類	低收入戶
第六類	榮民、以上各類以外之家戶戶長或代表

第二目　保費負擔

全民健康保險以全體國民為對象，納保者之經濟能力強弱不一，其保險費之負擔，或由被保險人、投保單位及政府各負擔一部分，或由政府全額補助，或由被保險人全數繳納。方式不同，目的則一，在追求政策達成以保障全體國民健康之考慮下，兼顧移轉社會所得，平均社會財富之功能。

一、保險費率

(1)第一類至第三類被保險人及其眷屬之保險費，依被保險人之投保金額及保險費率計算之。投保金額為被保險人之薪資、營利所得或執行業務所得；保險費率以 6% 為上限。

(2)第四類至第六類保險對象之保險費，依第一類至第三類保險對象之每人平均保費計算之。

二、保險費分擔

各類別被保險人之保險費由被保險人、投保單位及政府按照不同之比率負擔之。

被保險人類別		負擔比率 (%)		
		被保險人	投保單位	政　府
第一類	公務人員、公職人員本人及眷屬	30	70	0
	私校教職員本人及眷屬	30	35	35
	公、民營機構之被保險人以外有一定雇主的受雇者本人及眷屬	30	60	10

			100	0	0
	雇主或自營業主、專門職業及技術人員自行執業者本人及眷屬		100	0	0
第二類	無一定雇主而參加職業工會者、外雇船員本人及眷屬		60	0	40
第三類	農民、漁民、水利會會員本人及眷屬		30	0	70
第四類	義務役軍人、服替代役者、軍校學生、軍人遺族、受刑人		0	0	100
第五類	低收入戶本人及眷屬		0	0	100
第六類	榮民	本人	0	0	100
		眷屬	30	0	70
	上列以外之家戶戶長本人及眷屬		60	0	40

第三目　保險給付

　　全民健康保險實施之目的在提供國民適當醫療服務，增進全體國民之健康。因此，本保險給付僅限於醫療給付一項。凡保險對象發生疾病、傷害事故或生育時，由保險醫事服務機構依本保險醫療辦法，給予門診或住院服務；醫師並得交付處方箋予保險對象至藥局調劑。為維護保險對象之健康，本保險也提供預防保健服務，立意甚佳。然而，社會保險之醫療給付常為人詬病。在免費醫療之狀況下，被保險人不會珍惜資源，且醫療機構亦常忽略樽節支出，致總體醫療費用上揚難以控制。因此，為避免浪費，本保險課以病人及醫療提供者共同節制醫療費用之責任。一方面病人就診時須自付部分費用，另一方面醫療機構所請領之給付金額，要受一定總額之限制。

第六項　國民年金保險

　　國民年金保險制度源自商業保險之年金保險，被保險人交付保險費後，於生存期間或特定期間內，依照保險契約規定，由保險人負分

期給付一定金額之責。可以按年、季、月或週等方式給付。我國社會保險之年金給付考慮被保險人本人或其遺屬基本經濟生活之需要，採按月給付方式。我國國民年金依照《國民年金法》於民國九十七年十月一日開辦，在此之前，依照在職勞動者為納保對象之社會保險，已有勞工保險、公教人員保險、軍人保險及農民健康保險；政府為全面建構社會安全網，使無法參加社會保險之國民也能享有社會保險之好處，獲得老年經濟生活之保障，特舉辦國民年金保險，此為高齡化社會，老年人口漸多、子女供養老人比例下降之今日，落實全民照顧理念所必須推行之制度。嗣後迄一〇五年，法條又經數次修正至今。

第一目　保險對象

依據《國民年金法》第 7 條規定，未滿六十五歲國民，在國內設有戶籍，且符合下列情形之一者，在未加入勞保、農保、公教保或軍保的期間，應參加國民年金保險：

1. 年滿二十五歲，且未領取相關社會保險老年給付。
2. 國民年金開辦前，領取相關社會保險老年給付之年資合計未達十五年，或一次領取之相關社會保險老年給付總額未達 50 萬元。
3. 國民年金開辦後十五年內，領取相關社會保險老年給付之年資合計未達十五年，或一次領取之勞工保險及其他社會保險老年給付總額未達 50 萬元。

第二目　保費負擔

為了達成政策目標，本保險之保險費由被保險人與政府各負擔一部分或由政府全額補助。

🐾 一、保險費

國民年金保險之保險費是以月投保金額及保險費率計算，本保險之保險費率，於施行第一年為 6.5%，於第三年調高 0.5%，以後每二年調高百分之 0.5% 至上限 12%。本保險之月投保金額於國民年金施行第一年時，以勞工保險投保薪資分級表第一級為月投保金額；第二年起，於消費者物價指數 (CPI) 累計成長率達 5% 時，即配合調整。

🐾 二、保險費分擔

保險費由被保險人及各級政府的負擔比率，如下表所列：

被保險人類別		負擔比率 (%)	
		被保險人	政　府
低收入戶		0	100
所得未達一定標準者	被保險人之家庭總收入平均分配全家人口，每人每月未達當年度最低生活費 2 倍，且未超過臺灣地區平均每人每月消費支出之 1.5 倍者	45	55
符合法定身心障礙資格領有證明者	極重度及重度	0	100
	中度	30	70
	輕度	45	55
其餘被保險人		60	40

第三目　保險給付

國民年金保險之給付分為老年年金給付、生育給付、身心障礙年金給付、喪葬給付及遺屬年金給付。

🐾 一、老年年金給付

1.被保險人於年滿六十五歲時，得請領老年年金給付，自符合條件之當月起按月發給至死亡當月止。請領老年年金給付，依下列方式擇優計給：

⑴月投保金額乘以其保險年資 ，再乘以 0.65% 所得之數額加 3,000 元。

⑵月投保金額乘以其保險年資，再乘以 1.3% 所得之數額。

　2.老年年金保險開辦時，年滿六十五歲之國民符合相關規定者，得請領老年基本保證年金，每人每月 3,000 元至死亡為止。

二、生育給付

被保險人分娩或早產，得請領生育給付：

⑴按其月投保金額一次發給二個月生育給付。

⑵雙生以上者，比例增給。

三、身心障礙年金給付

被保險人有下列情形之一者，得請領身心障礙年金給付：

⑴於保險期間遭受傷害或罹患疾病，經治療終止，症狀固定，再行治療仍不能期待其治療效果，並經合格醫院診斷為重度以上身心障礙，且經評估無工作能力者。

⑵於保險期間所患傷病經治療一年以上尚未痊癒，如身心遺存重度以上障礙，並經合格醫院診斷為永不能復原，且經評估無工作能力者。

身心障礙年金給付，依其保險年資計算，每滿一年，按其月投保金額發給 1.3% 之月給付金額；計算所得數額如低於基本保障 4,000 元時，得按月發給基本保障 4,000 元至死亡為止。

被保險人於參加本保險前，符合上述請領身心障礙年金給付條件者，於參加保險有效期間，得請領身心障礙基本保證年金每月 4,000 元。

四、喪葬給付

被保險人死亡，按其月投保金額一次發給五個月喪葬給付。

五、遺屬年金給付

被保險人死亡、符合請領老年年金規定而未及請領給付前死亡，或領取身心障礙或老年年金給付者死亡時，遺有配偶、子女、父母、祖父母、孫子女或兄弟、姊妹者，其遺屬得請領遺屬年金給付。遺屬請領條件、順序，及停止發給之情形，詳如《國民年金法》第 40 條、第 41 條及第 44 條，請參閱之。給付標準如下：

1. 被保險人於保險期間死亡

依被保險人之保險年資合計每滿一年，按其月投保金額發給 1.3% 之月給付金額。

2. 被保險人年滿六十五歲未及請領老年年金給付前死亡

依被保險人之保險年資合計每滿一年，按其月投保金額發給 1.3% 之月給付金額半數。

3. 領取身心障礙年金或老年年金給付期間死亡

按被保險人身心障礙年金或老年年金金額之半數發給。

依上述計算之年金金額不足 3,000 元者，按 3,000 元發給。同一順序之遺屬有二人以上時，每多一人加發遺屬年金給付標準之 25%，最多計至 50%。

第七項 就業保險

我國勞工保險之失業給付，由行政院以行政命令方式令於民國八十八年一月一日起開辦；但因失業非僅是個人問題，並且及於整體社會安全，影響甚鉅，長遠而言，政府處理必須有一套完整之法律依據，

以便持續順利推行此項政策。我國《就業保險法》於民國九十二年一月一日施行，以提升勞工就業技能，促進就業，保障勞工職業訓練及失業一定期間之基本生活為宗旨。嗣後迄一〇四年，又經數次修正至今。本法施行後，勞工失業之相關保障即脫離勞工保險體制，改按本法辦理。為達成目標，本保險給予以下五種給付：

(1)失業給付。

(2)提早就業獎助津貼。

(3)職業訓練生活津貼。

(4)育嬰留職停薪津貼。

(5)失業之被保險人及隨同被保險人辦理加保之眷屬全民健康保險保險費補助。

第一目　保險對象

年滿十五歲以上，六十五歲以下之下列受僱勞工，應以其雇主或所屬機構為投保單位，參加本保險為被保險人：

(1)具中華民國國籍者。

(2)與在中華民國境內設有戶籍之國民結婚，且獲准居留依法在臺灣地區工作之外國人、大陸地區人民、香港居民或澳門居民。

上述所列人員有下列情形之一者，不得參加本保險：

(1)依法應參加公教人員保險或軍人保險。

(2)已領取勞保老年給付或公教保養老給付。

(3)受僱於依法免辦登記且無核定課稅或依法免辦登記且無統一發票購票證之雇主或機構。

第二目　保費負擔

本保險之保險費率，由政府主管機關按被保險人當月之投保薪資

1% 至 2% 擬訂，保險費以被保險人當月投保薪資乘以保險費率計算。

第三目 保險給付

一、失業給付

被保險人於非自願離職辦理退保當日前三年內，保險年資合計滿一年以上，具有工作能力及繼續工作意願，向公立就業服務機構辦理求職登記，自求職登記之日起十四日內仍無法推介就業或安排職業訓練時，得請領失業給付。

失業給付按照申請人離職辦理退保之當月起前六個月平均月投保薪資 60% 按月發給，最長發給六個月。但申請人離職辦理退保時已年滿四十五歲或領有身心障礙證明者，最長發給九個月。

另政府於經濟不景氣致大量失業時，得延長給付期間最長至九個月，必要時得再延長，最長不得超過十二個月。

另外，若被保險人於失業期間另有工作，其每月工作收入超過基本工資者，則不得請領失業給付。

二、提早就業獎助津貼

本保險為促進就業，於被保險人符合失業給付請領條件，在失業給付請領期限屆滿前受僱工作，並參加本保險滿三個月以上時，得請領其尚未請領之失業給付金額之 50%，一次發給提早就業獎助津貼。

三、職業訓練生活津貼

被保險人非自願離職，向公立就業服務機構辦理求職登記，經公立就業服務機構安排參加全日制職業訓練。

受訓期間，每月按申請人離職辦理本保險退保之當月起前六個月平均月投保薪資 60% 發給職業訓練生活津貼，最長發給六個月。

被保險人在請領此項津貼期間，有受其扶養之眷屬者，另予加給

津貼。

四、育嬰留職停薪津貼

被保險人之保險年資合計滿一年以上，子女滿三歲前辦理育嬰留職停薪者，以其育嬰留職停薪之當月起前六個月平均月投保薪資 60% 計算，於育嬰留職停薪期間，按月發給津貼，每一子女合計最長發給六個月。同時撫育子女二人以上時，以發給一人為限。父母同為被保險人者，應分別請領育嬰留職停薪津貼，不得同時為之。

五、失業之被保險人及隨同被保險人辦理加保之眷屬全民健康保險保險費補助

本項補助發給被保險人於請領失業給付期間應繳納之全民健康保險費。補助對象、補助條件、補助標準及補助期間之辦法，由中央主管機關訂之。

第二十章

保險監理

🏠 第一節　保險監理之重要性 🏠

第一項　保險監理之理由

今日世界大多數國家，政府對保險事業均有適當之監督管理，亦即政府對保險經營有監理制度之建立。其主要理由，約有下列數端：

(1)由於保險制度之成立，必須有多數經濟單位之集合；換言之，多數人之經濟生活，可因保險而獲得安定之保障。因而保險經營之不健全，非僅被保險人或受益人將遭受打擊，社會經濟亦將陷於不利之影響。故政府必須平時對保險經營予以適當之監理，以策安全。

(2)保險契約之訂立，一方繳付保險費於他方，他方於保險事故發生而遭受損失時，給付保險金以為補償。惟保險金之給付，繫於將來發生之危險事故。故為維護保險經營者之良好信用，實有隨時加以監理之必要。

(3)保險經營以比較專門之技術知識為基礎，被保險人雖屬保險團體之一分子，但其對於保單條款之是否適當，保費計算之是否確實，每多不易深入瞭解。故政府對保險經營加以監理，藉以輔助被保險人對保險認識與判斷之不足。

第二項　保險監理之方式

各國政府對保險事業之監理，其所採用之方式，大致有下列三種：

一、公示方式

即政府對保險事業之實體，並不加以任何直接之監理，而僅將保險業之資產負債、營業成績以及其他有關事項予以公布，至於業務之實質及經營之良窳，則委諸被保險人及一般公眾自己判斷。其優點即容許保險業之自由經營，使保險業在自由競爭之情形下，得以自由發展。其缺點則因一般國民對保險業之優良與否，判斷不易正確；對於不健全之設立與不正當之經營，無法制止。

二、規範方式

即由政府規定保險業經營之一定準則，而要求遵守之方式。政府對保險經營之若干重大事項，如最低資本額之規定，資產負債表之審查，法定公布事項之主要內容，以及監理當局之制裁方式等，皆訂有明確之規範；如有違反，則可責令負擔法律責任，從而加以適當制裁。此種方式，雖較公示方式對保險業監理之程度，已進一步，但政府對於保險業是否確實遵守規定，僅能在形式上加以審查而已。且準則內容，必須有完全與適當之規定，以適合於所有保險部門，殊屬難能。即使可能，形式上亦能遵守，實質上能否合乎被保險人之利益，仍屬疑問。

三、實體監理方式

由於上述兩種方式，對保險業之監理，僅有其形式。實體監理方式則除規定應遵守之準則外，在保險業創設時，必須經政府之許可；經營開始後，對業務、財務及人事各方面，又加以繼續之管理；即在

清算時期，仍予以不斷之監督。現今各國政府對保險事業之監理，大體上皆採用此種方式，我國亦然。

我國現行保險監理制度，以《保險法》為依據，其內容可分為兩部分：一為訂立保險契約之規範，一為經營保險事業之準則，兩者合為一體，與一般大陸法系國家分別訂立保險契約法與保險業法之傳統有異，亦為我國《保險法》之一大特色。

各國對保險經營之實體監理，雖其周密程度並不一致，但主要包括組織、財務、業務三方面，茲擇要說明如後。

第二節　保險組織方面之監理

一、申請設立之許可

保險業設立之許可（或撤銷），為政府實體監理方式中最大權力之表現。保險業創設時，須先經主管機關核准，然後一方面辦理公司登記，以取得法人資格；另一方面申請營業登記，以取得營業執照。政府對設立許可首先考慮者，為償付能力之是否確實，與作業方法之是否健全。故在財務方面必須具備一定數額之資本或基金，在業務方面必須提供營業計畫及保費計算基礎之文件。此外，對於發起人或主管人員之資格或經驗，亦須予以適當之審查，使能為社會大眾所信任。

《保險法》第137條規定：「保險業非申請主管機關核准，並依法為營業登記，繳存保證金，領得營業執照後，不得開始營業。」此一規定，外國保險業自亦適用。因此主管機關得斟酌國內經濟情況之變動，保險市場之需求與供給，決定開放或停止保險業之設立。

🐾 二、組織形態之限制

　　保險組織之形態甚多，已見前述。各種形態之組織，各有其特質，利弊得失須視各種主觀條件及客觀環境而定，頗難論斷。惟保險事業經營之成敗，非但影響個人或家庭之利益，而且及於整個社會及經濟之安定，故多數國家對保險組織之形態，無不加以相當之限制。其中以英國為最寬大，除各種公司組織及相互組織外，即使個人亦可經營保險業務。

　　我國則因《保險法》第 136 條第 1 項規定：「保險業之組織，以股份有限公司或合作社為限。」除了股份有限公司或合作社外，並無其他形態之組織。

🐾 三、兼營業務之禁止

　　保險業兼營之禁止，原因為保險業務之經營，有其特具之專門性與技術性，且各類保險業務性質不同，經營技術亦異，須賴於專門人才主持其事，始能增大經營效率，而確保被保險人之權益。《保險法》第 136 條及第 138 條訂有明文規定，包括下列三種情形：

1. 同一保險業不得兼營財產保險及人身保險業務，但財產保險業經主管機關核准經營傷害保險及健康保險者，不在此限。
2. 保險業不得兼營非保險業務，但經主管機關核准辦理其他與保險有關業務者，不在此限。
3. 非保險業不得兼營保險業務。

🐾 四、解散清算之監督

　　保險業由於違背法令，或負債過多等原因，而停業或解散時，政府應加以監督，以保護被保險人、受益人或債權人之權益。如保險業缺乏償付能力，政府應儘量使其復能 (rehabilitation) 或重整

(reorganization)，以助其渡過困境。通常財務狀況不良之保險公司，得經由保險契約之轉讓，進而為財產之轉讓，而與財務狀況健全之保險公司合併 。 或政府對缺乏償付能力之保險業 ， 主管機關可予以接管 (take over)，以便進行整理或維護，解散清算乃為最後之手段。保險業解散時，並應由主管機關選派清算人。《保險法》第 149 條、第 149 條之 1 至第 149 條之 11 及第 150 條皆有明確之規定。

🏠 第三節　保險財務方面之監理 🏠

💫 一、創業資本（或基金）之規定

　　保險業創設之始，如為公司組織，必須有一定金額之資本；如為相互組織，因無資本額之規定，則須有一定金額之基金。此種開業資本或基金之規定，所以備初期營運及準備之需，但其需要程度並不一致，須視各種保險業務以及各種經濟實況而異。因此，各國政府對保險業之設立，皆有最低資本或基金額之規定。《保險法》第 139 條亦有各種保險業應有資本或基金最低額之規定。

💫 二、保證金之繳存

　　為增加保險業對要保人或被保險人之保障，各國保險法規頗多規定須由各保險業按資本或基金實收總額之一定百分率，繳存相當之保證金，以確保其償付能力。《保險法》第 141 條規定，保險業應按資本或基金實收總額 15%，繳存保證金於國庫。

💫 三、準備金之提存

　　保險業之經營，基於特定計畫，預先收集保險費，以備將來支付保險金之用。因此為確保將來履行給付責任之能力，必須提存適當之準備金。《保險法》第 11 條規定，保險業應提存之準備金，包括責任

準備金、未滿期保費準備金、特別準備金、賠款準備金及其他經主管機關規定之準備金。

雖通常認為準備金係一種基金性質，用以應付預期或非預期之意外事故；但實際上保險準備金之提存，為保險業將來責任之現值。如準備金低估，公司淨值必將有高估現象。故《保險法》第 145 條規定，保險業於營業年度屆滿時，應分別保險種類，計算其應提存之各種法定準備金。

四、安定基金之設置

由於上述保險業繳存保證金預期效果之不易達成，《保險法》 第 143 條之 1 及 143 條之 3 乃另有規定，由財產保險業及人身保險業分別提撥資金，設置安定基金，以保障被保險人之權益，並維護金融之安定。安定基金之動用，以下列各款為限：

(1)對經營困難保險業之貸款。

(2)保險業因承受經營不善同業之有效契約，或因合併致遭受損失時，得請求基金予以低利貸款。

(3)保險業失卻清償能力後，其被保險人依有效契約所得為請求未能獲償之部分，得向安定基金請求償付。

(4)其他為保障被保險人之權益，經主管機關核定之用途。

五、資金運用之範圍

保險業所為將來償付之承諾，有賴於資金運用所生之利得，故資金運用必須十分穩健，始能立於不敗之地。如對保險業資金之運用不加限制，勢必趨向於風險較大之投資，以期能獲得較大之報酬，而此恐損及被保險人之利益。

我國《保險法》第 146 條規定，有關保險業資金及各種準備金之

運用，對投資項目及每一項目所占運用資金之百分率，設有一定之限制（詳見本書第十一章第三節）。

六、自有資本適足性之管理

政府主管機關為確保保險業之清償能力，將保險業經營時所面臨之各項風險列入評估，與其資本額聯結分析，訂出清償能力之基準，做為對保險業監理之重要指標。民國八十一年修訂之《保險法》第 143 條規定，「保險業認許資產減除負債之餘額，未達保證金額之三倍時，主管機關應命其限期，以現金增資補足之。又保險業認許資產之標準及評價，由財政部規定之」。認許資產之評價即資產變現能力之評估，變現能力較低之資產屬於非認許資產，非認許資產所佔比率相對高時，將影響保險業之清償能力。之後，風險基礎資本制度興起，以經過加權後之風險基礎資本額（風險資本）衡量保險業所面臨之風險。利用其與保險業之自有資本比較後求得之風險基礎資本比率（自有資本／風險資本），作為判斷自有資本適足性之依據，供主管機關監理參考。今之《保險法》第 143 條之 4 規定「保險業自有資本與風險資本之比率，不得低於 200%；未達此項規定比率者，不得分配盈餘，主管機關並得視其情節輕重為其他必要之處置或限制；前二項所定自有資本與風險資本之範圍、計算方法、管理、必要處置或限制之方式及其他應遵行事項之辦法，由主管機關定之」。

第四節　保險業務方面之監理

一、保險費率之核定

保險費為保險業對被保險人所為承諾之代價，收取代價之計算標準即為保險費率，政府必須加以適當監理，使能達成保險費率計算所

應具備之公平、足夠及穩定等要求。

　　《保險法》第 144 條原規定，各種保險費率之計算公式由主管機關核定之，同時對各種保險費率結構亦另有統一規定。在保險事業發展初期，固有此必要。但其最大缺失，即主管機關核定時，不易獲致保險業務之實際經驗，從而缺少客觀標準，遂使我國一般保險費率偏高不下，加重被保險人之負擔。故民國九十六年修訂之《保險法》第 144 條規定「為健全保險業之經營，保險業應聘用精算人員並指派其中一人為簽證精算人員，負責保險費率之釐訂、各種準備金之核算簽證及辦理其他經主管機關指定之事項」。賦予保險業費率自由化之自主權，逐步施行，由原來之核准制經核備制至備查制而達自由化目標。

二、業務人員之慎選

　　保險業務經營之成敗，繫於其重要職員之是否稱職，其中尤以核保人員、理賠人員及精算人員為最主要。核保人員主司估量保險標的之危險，測定損失機率之大小，決定承保與否及其適用之費率。理賠人員在於確定理賠責任，調查損失事實，估計損失金額，使損失發生時，被保險人或受益人能適時適度獲得應有之補償。精算人員則在以數學計算各種業務所必需之費率，以及為應付未來責任所應提存之準備。故各國政府對於保險業之重要業務人員，均有相當資格之限制，不但應使能勝任愉快，而且須能忠於職責。《保險業管理辦法》第 30 條規定：「保險業核保、理賠及精算人員，應報經財政部核准後方得聘用，變更時亦同。」

　　此外，對於保險業之代理人、經紀人及公證人，三者非但與保險契約之訂立關係密切，且足以輔佐與促進整個保險業務之發展。《保險法》第 163 條規定，保險代理人、經紀人、公證人應經主管機關許可，

繳存保證金或投保責任保險，領有執業證照後，始得經營或執行業務。

三、業務狀況之檢查

保險業經營之實際狀況，政府對之自應有相當瞭解，始可收監理之實效。故政府得隨時或定期派員實地檢查各保險業之業務經營及財務狀況，並予以指導或糾正。保險業除應接受主管機關派員檢查外，並應於營業年度終了，將營業狀況連同資金運用情形，作成報告書，併同資產負債表、損益表、股東權益變動表、現金流量表及盈餘分配或虧損撥補之議案及其他經主管機關指定之項目，報請主管機關備查。

《保險法》第 148 條、第 148 條之 1 至第 148 條之 3，對保險業業務狀況之檢查，列有詳細之規定。

四、保單條款之審定

保險單為保險業之產品，較具技術性。在大多數情形下，購買保險者對保單內容並不詳細閱讀；或者即使曾經閱讀，亦未必完全瞭解。保單內容規定之繁複，一般人瞭解之困難，雖不易克服，但其內容須有一定之規範，乃屬必要，可藉以避免購買者接受不公平之條件。另一方面，為確保保險業之償付能力，亦應避免其因競爭壓力而所為不合理之承諾。故保單條款之訂定，必須經主管機關之審定。《保險業管理辦法》第 25 條規定，各種保險單條款，除情形特殊有國際性質之保險外，均應報經財政部核准始得出單。

貨幣銀行學：理論與實務

楊雅惠／著

本書特點為：一、學習系統完善。章前架構導覽使讀者能迅速掌握學習重點；重要概念上色強調，全書精華一目了然。另整理重要詞彙置於章末，課後複習更便利。二、實證佐證理論。本書配合各章節之介紹，引用最新金融資訊佐證，帶領讀者走出象牙塔，讓學習更有憑據。三、最新時事觀點。各章皆設有「繽紛貨銀」專欄，作者以自身多年研究與實務經驗，為讀者指引方向、激發思辨能力。

財務報表分析

盧文隆／著

本書特點為：一、深入淺出，循序漸進。行文簡明，逐步引導讀者檢視分析財務報表；重點公式統整於章節後方，複習更便利。二、理論活化，學用合一。有別於同類書籍偏重原理講解，本書新闢「資訊補給」、「心靈饗宴」及「個案研習」等應用單元，並特增〈技術分析〉專章，使讀者能活用理論於日常生活。三、習題豐富，解析詳盡。彙整各類證照試題，隨書附贈光碟，內容除習題詳解、個案研習參考答案外，另收錄進階試題，提供全方位實戰演練。